W0413881

Cäsars Vermächtnis

Cäsars Vermächtnis

Wörter und Wendungen lateinischer Herkunft

Klaus Mackowiak

DUDEN Podium

Für Franziska

Bibliografische Information der Deutschen Nationalbibliothek
Die Deutsche Nationalbibliothek verzeichnet diese Publikation in der Deutschen Nationalbibliografie; detaillierte bibliografische Daten sind im Internet über http://dnb.d-nb.de abrufbar.

Bibliographisches Institut GmbH, Dudenstraße 6, 68167 Mannheim
E D C B A

Printed in Germany

ISBN 978-3-411-04155-8

Layout und Umschlaggestaltung Hemm-communication.design, Filderstadt
Umschlagabbildung © iStockphoto.com: Steven Wynn (unter Verwendung eines Profilbilds von Gaius Julius Cäsar, 19. Jh.)
Redaktion Dr. Hildegard Hogen
Satz Fotosatz Moers, Viersen
Druck und Bindung CPI books GmbH, Birkstraße 10, 25917 Leck
www.duden.de

Einleitung

Vanille und *Vagina:* Hätten Sie gedacht, dass beides den gleichen Ursprung hat? Oder hätten Sie andererseits vermutet, dass *Armbrust* weder etwas mit *Arm* noch mit *Brust* zu tun hat? Solchen Wörtern gehen wir auf den Grund – sofern dieser im Lateinischen liegt. Wenn Sie so etwas spannend finden, dann sind Sie hier richtig (wenn nicht, dann schauen Sie gerade ins falsche Buch). Allerdings müssen wir uns schon beschränken: auf eine kleine, aber typische Auswahl. Denn die Zahl der deutschen Wörter, die uns ins Lateinische verweisen, geht in die Tausende.

Was haben wir ausgelassen? Zum Beispiel Wörter, die zwar letztlich aufs Lateinische zurückgehen, die aber ihren Weg aus anderen Sprachen zu uns gefunden haben, etwa aus dem Englischen wie *Fan* (letztlich abgeleitet vom lateinischen *fanaticus* – von der Gottheit ergriffen), *managen* (von *manus* – Hand), *dissen* (von *dis* – auseinander, gegenteilig) oder *scannen* (von *scandere* – stufenweise emporsteigen), aus dem Französischen wie *Biest* (von *bestia* – Wildtier), *Alibi* (von *alibi* – anderswo), *kosten* (von *constare* – feststehen) oder aus dem Italienischen wie *Matsch* (von *marcidus* – welk, morsch), *Faschist* (von *fascis* – Rutenbündel), *Alarm* (von *arma* – Waffen) oder *Bratsche* (von *brachium* – Arm). Dass wir mit dieser Entscheidung manch hübsch brisantes Wort (etwa das Unwort des Jahres 2010: *alternativlos*) rausgekickt haben, ist natürlich etwas schade. Aber man muss sich entscheiden… Allerdings: Ganz so konsequent wollten wir dann doch nicht sein. Haben wir nämlich ein Wort behandelt, das direkt aus dem Lateinischen entlehnt worden ist, aber viele Verwandte aufweist, die erst über andere Sprachen ins Deutsche gelangt sind, wollten wir die Verwandten nicht einfach ignorieren. Denn die

Frage, wie es sich bei der Verwandtschaft verhält, liegt nahe und sollte nicht ungeklärt bleiben. (So werden etwa unter dem Stichwort *Rettich* auch *Radieschen* und *radikal* mitbehandelt.)
Dies alles erklärt zu einem gewissen Teil das Schweigen der Lemmata oder auch deren Beredtheit. Was sonst verschwiegen oder beredet wird, verdankt sich Kriterien wie: Aktualität, Produktivität, Originalität oder Willkür.
Vorgestellt werden Lehnwörter wie *Pferd, kaufen* oder *klar,* Fremdwörter wie *Bitumen, denunzieren* oder *abstrakt* und lateinische Wendungen wie *veni, vidi, vici* oder *sic transit gloria mundi.*
Zu unterscheiden wären:

- Erbwörter
- Fremdwörter
- Lehnwörter
- fremde Wörter

Erbwörter sind Wörter, die aus dem Germanischen ins Deutsche gekommen sind. Meist entsprechen sie der Wortgrammatik des deutschen Kernwortschatzes, etwa: *Baum, groß, kommen,* aber doch nicht in allen Fällen, zum Beispiel werden anders betont als im Kernwortschatz üblich die Erbwörter: *Bovist, Efeu, Hermelin, Wacholder.*
Fremdwörter sind Wörter, die aus einer Fremdsprache übernommen wurden (man spricht hier auch von „entlehnt“, obwohl es keine Lehnwörter sind). Dabei sind sie meist weitgehend der deutschen Morphologie und unterschiedlich weitgehend der deutschen Aussprache und Rechtschreibung angepasst, weisen aber noch mindestens eine „fremde“ Eigenschaft aus, sei es im Bereich der Wortbildung, der Aussprache oder der Rechtschreibung. Fremdwörter sind also nicht durchgehend in die Wortgrammatik des Kernwortschatzes integriert, etwa die oben genannten: *Bitumen, denunzieren, abstrakt.* Aufgrund der Anpassungen sind Fremdwörter aber deutsche Wörter.
Lehnwörter sind Wörter, die aus einer Fremdsprache entlehnt

wurden, sich aber völlig der Wortgrammatik des Kernwortschatzes angepasst haben, etwa die oben genannten: *Pferd, kaufen, klar*. Lehnwörter gehören zum Kernwortschatz des Deutschen.
Unter fremden Wörtern sind Wörter zu verstehen, die als Zitat aus einer Fremdsprache in einem deutschen Text verwendet werden, wie etwa die oben genannten Wendungen: *veni, vidi, vici; sic transit gloria mundi*. Fremde Wörter sind logischerweise keine deutschen Wörter.

Sprache entwickelt sich über die Jahrtausende und nach über eine gewisse Zeit vergleichsweise konstanten Merkmalen teilt man sie in verschiedene Epochen auf (was nie so ganz einfach und daher nie so ganz unumstritten ist).
So etwas wie Deutsch gibt es nach solcher Einteilung etwa ab dem 7. Jahrhundert. Vorher haben wir es mit dem Germanischen bzw. mit verschiedenen germanischen Sprachen bzw. Dialekten zu tun. Damit man im Weiteren die Angaben, zu welchem Sprachentwicklungsstand ein Wort gehört, zeitlich einordnen kann, sei hier die übliche Einteilung nach grammatischen und lautlichen Kriterien (auf die wir hier aber im Einzelnen nicht eingehen wollen) wiedergegeben:

- Germanisch, germanische Sprachen bzw. Dialekte: Mitte des 2. Jahrtausends v. Chr. bis zum 7. Jahrhundert n. Chr.
- Althochdeutsch: 7. bis Mitte 11. Jahrhundert
- Mittelhochdeutsch: Mitte 11. bis Mitte 14. Jahrhundert
- Frühneuhochdeutsch: Mitte 14. bis Mitte 17. Jahrhundert
- älteres Neuhochdeutsch: Mitte 17. Jahrhundert bis etwa 1800
- jüngeres Neuhochdeutsch: 1800 bis 1945
- Gegenwartsdeutsch: ab 1945

Und natürlich ist auch Latein nicht Latein, nicht immer das gleiche jedenfalls. Und es ist für die Bildung von Lehn- und Fremdwörtern nicht unerheblich, wann sie aus dem Lateinischen ins Deutsche fanden, das heißt auch, aus welchem Latein. Hier kann man mindestens unterscheiden zwischen:

- Lateinisch (klassisch), Spätlateinisch: bis etwa zum 5./6. Jahrhundert
- Mittellateinisch: 6. bis Mitte 15. Jahrhundert
- Neulateinisch: ab Mitte des 15. Jahrhunderts

Mit dem klassischen Latein stand das Deutsche allein deshalb schon nicht in unmittelbarer Verbindung, weil es in der Zeit, als es zu Kontakten hätte kommen können, als West- und Südwestdeutschland unter römischer Verwaltung standen also, so etwas wie Deutsch noch gar nicht gab. Es gibt aber eine mittelbare Verbindung vom Deutschen zum klassischen Latein, indem etliche Wörter, die schon im Germanischen aus dem Lateinischen entlehnt worden waren, als Erbwörter ins Deutsche gelangt sind. Ins Germanische entlehnt worden waren vor allem Wörter aus Verwaltung, Militär, Obst- und Garten-, Hoch- und Tiefbau sowie Küche, etwa: *Esel, Kaiser, kaufen.* Gelegentlich wird auch von Vulgärlatein die Rede sein. Damit ist die umgangssprachliche Form der lateinischen Sprache gemeint, aus der sich schließlich die romanischen Sprachen entwickelt haben. Kirchenlatein dagegen ist das Latein, das als Amtssprache der katholischen Kirche für offizielle Verlautbarungen und in der Liturgie verwendet wurde bzw. wird.

Mittellatein war zwischen dem 6. und 15. Jahrhundert für Kirche, Verwaltung, Juristerei, Literatur und Wissenschaft in den meisten europäischen Ländern von großer Bedeutung. Wer es in den genannten Bereichen zu etwas bringen wollte, musste neben seiner Muttersprache auch hinreichend Mittellatein als Lingua franca des Mittelalters beherrschen. Das ging allerdings mit einer gewissen Pidginisierung des Lateinischen einher: Im Vergleich zum klassischen Latein waren Morphologie, Orthografie und Syntax des Mittellateinischen stark vereinfacht, die Aussprache war nicht eindeutig und oft vermischte sich das Mittellateinische mit Elementen der jeweiligen Regionalsprache (Stichwort: Küchenlatein). Lehn- und Fremdwörter aus dem Mittellateinischen sind vor allem im Bereich Kirche, Medizin, Wissenschaft und Verwaltung zu finden, etwa: *Weiler, abstrakt, predigen.* Und über das Mittellateinische gelangten zudem viele Lehn- und Fremdwörter aus anderen Sprachen ins Deutsche, vor allem aus dem Griechischen, Arabischen, Indischen u. a., etwa: *Kiste, Sirup, Muskat.*

Auch zur Wortbildung des Deutschen hat das Mittellateinische einiges beigetragen. So geht etwa unser Wortbildungssuffix *-er* für Nomina Agentis (Bezeichnungen für den Handelnden) wie „Lehrer, Besitzer, Träumer" etc. auf das lateinische Adjektivsuffix *-arius* (gehörig zu) zurück. Bei substantivierten Adjektiven steht es nämlich auch im Lateinischen schon mal für Nomina Agentis, etwa: *mercedarius* (Lohngeber), *molinarius.* Im Germanischen und Althochdeutschen wird das Suffix zu *-ari* angepasst wie in *mulinari* (Müller) und auch an deutsche Stämme angefügt: *buochhari* (Buchschreiber, -händler), *sangari* (Sänger) etc. Schließlich schwächt sich *-ari* ab zu unserem heutigen *-er.*

Im 15. Jahrhundert gewinnen nicht Latein sprechende städtische Bevölkerungsschichten mehr und mehr an Einfluss. Damit wird das Mittellateinische als Lingua franca allmählich verdrängt und das Deutsche gewinnt in vielen Bereichen an Boden. Das Lateinische behauptet sich allerdings in Wissenschaft und Literatur und erfährt dort eine Art Intellektualisierung. Der Humanismus wandte sich nämlich vom Mittellateinischen (Küchenlatein) ganz bewusst ab und wieder dem „anspruchsvolleren" klassischen Latein zu. Man spricht von Neulateinisch.

Diese Zeit war geprägt von rasanter wissenschaftlicher und technischer Entwicklung, die einherging mit einem ungeheuren Bedarf an neuen (Fach-)Wörtern. Die gebildeten Wissenschaftler und Techniker entlehnten diese dann gern aus dem Lateinischen,

etwa: *deklarieren, inklusive, pro, Puls, Stil,* oder bildeten sie aus lateinischen Elementen neu, etwa: *absurd, Identität,* was unserem Wortschatz nach und nach (über mehrere Jahrhunderte) einen gewaltigen Zuwachs beschert hat.
Da dieses Entlehnungs- und Bildungsschema in vielen, vor allem europäischen Sprachen ähnlich verlief und verläuft, hat sich ein großer Bestand an Internationalismen (besser wohl: Europäismen) gebildet, das heißt ein Bestand an Wörtern, die in verschiedenen Sprachen aufgrund des gemeinsamen lateinischen (bzw. gräkolateinischen) Ursprungs in Form und Bedeutung fast identisch sind, etwa: *Chemie, Medizin, Musik, Nation, Qualität, System, Telefon, Theater.* Das hat den Aufbau internationaler Fachterminologien natürlich erheblich erleichtert, und damit sind wir auch in der Gegenwart angelangt, was die Produktivität des Lateinischen – unter anderem – für das Deutsche angeht.

Ist im laufenden Text ein Sternchen (*) eingefügt, so bedeutet dies, dass das folgende Wort grammatisch falsch ist oder dass es in dieser Form nicht nachgewiesen ist, sondern nur rekonstruiert wurde.

absolut

Gelassen und gelöst zu sein fällt ja etlichen Zeitgenossen nicht leicht – vor allem im profit- und konkurrenzorientierten Job-alltag. Wer dann allerdings – wie einst Major Toms Raumschiff – völlig losgelöst von allem agiert, steht leicht *absolut* verlassen da. Apropos „losgelöst": „losgelöst" ist auch die wörtliche Bedeutung des lateinischen Partizips Perfekt Passiv *absolutum,* von dem *absolut* (unbedingt, vollkommen, beziehungslos) abgeleitet ist. (Einige erinnern sich vielleicht noch an ihren Lateinunterricht und – die einen mit mehr, die anderen mit weniger Freude – an den „Ablativus *absolutus*", den „losgelösten", das heißt satzwertigen Ablativ.)
Zugrunde liegt das Verb *absolvere* (loslösen), zusammengesetzt aus *ab-* (von, ab, weg) und *solvere* (lösen, aufbinden). Schon Paracelsus hat (um 1520) *absolut* im Sinne von „befreit, erlöst" verwendet. Seit Ende des 16. Jahrhunderts begegnet uns *absolut* dann auch im Sinne von „uneingeschränkt, unbedingt". Und als im 18. Jahrhundert im deutschen Sprachgebiet die Zahl der Philosophen so ganz allmählich besorgniserregende Größen anzunehmen begann, kam noch die Bedeutung „unabhängig, losgelöst, unbedingt, an und für sich" (im Gegensatz zu „relativ") hinzu – zunächst im Philosophenjargon, schon bald aber auch im allgemeinen Sprachgebrauch.
Ob man nun Philosoph oder auch etwas Qualifizierteres geworden ist, meist hat man dazu irgendeine Ausbildung hinter sich bringen, *absolvieren* müssen. Auch *absolvieren* geht natürlich auf *absolvere* zurück und ist in der Bedeutung „lossprechen, freisprechen" schon vor 1500 nachzuweisen. Die Bedeutung „etwas

erfolgreich durchlaufen, abschließen" kommt dann im 16. Jahrhundert hinzu, während wir auf den *Absolventen* dann noch recht, recht lange warten müssen: Der taucht nämlich erst um 1900 auf.

Auch die *Absolution* (Freisprechung) geht direkt auf das Lateinische zurück und tritt in der Form *absolutie* bereits in der Mitte des 14. Jahrhunderts auf.

Dagegen haben die politischen Begriffe *Absolutismus, absolut* („*absolute* Monarchie") einen kleinen Umweg über das Französische *(absolu)* gemacht, bis sie in der zweiten Hälfte des 17. Jahrhunderts bei uns angelangt sind.

abstrakt

Ist der Kontrakt
zu abstrakt,
ist im Extrakt
das Abstrakte
und Vertrackte
sorgsam noch zu subtrahieren,
ist davon zu abstrahieren.
So deutet auch der Kontrahent
ganz vehement
den Kontrakt intuitiv
als attraktiv.

Wenn im Jugendjargon davon die Rede ist, dass der dumme Kevin wieder ordentlich abgezogen worden ist, ist damit durchaus nichts *Abstraktes,* sondern etwas sehr Konkretes gemeint, nämlich ein dreister Raub – und das, obwohl das unserem Adjektiv *abstrakt* zugrunde liegende Verb *abstrahere* mit „abziehen, wegreißen" recht passabel übersetzt wäre. Das Adjektiv wurde im 15. Jahrhundert im Philosophiejargon aus dem mittellateinischen *abstractum* (begrifflich, ungegenständlich) entlehnt und geht – wie erwähnt – auf das Partizip Perfekt Passiv *abstractum* (weggezogen, abgezogen) des Verbs *abstrahere* zurück, aus *a[b]* (von, von ... weg) und *trahere* (ziehen). Auch das Verb *abstrahieren* (seit dem 16. Jh.) hat diesen Ursprung.

Überhaupt zeigt sich das Verb *trahere* als recht produktiv für unseren Fremdwortschatz. So wurde das Verb *subtrahieren* im 15. Jahrhundert aus *subtrahere* (unter etwas hervorziehen, entziehen) entlehnt, aus *sub* (unter) und *trahere,* dazu das Substantiv *Subtraktion* aus *subtractio* (das Sichentziehen, das Abweichen). Aus *extrahere* (herausziehen), aus *e[x]* (aus, heraus) und *trahere,* wurde *extrahieren,* dazu kam im 16. Jahrhundert das Substantiv *Extrakt* aus dem Partizip Perfekt Passiv *extractum* (herausgezogen). Beim Kleingedruckten kommen wir an mit *kontrahieren,* im gleichen Jahrhundert entlehnt aus *contrahere* (zusammenziehen), aus *con-* (ver-, zusammen-) und *trahere,* dazu die Substantive *Kontrakt* aus dem Partizip Perfekt Passiv *contractum* (zusammengezogen) und *Kontrahent* aus dem Partizip Präsens Aktiv *contrahens* (zusammenziehend; die Bedeutung von *kontrahieren* als „einen Vertrag schließen" ist die ältere, die Bedeutung „zusammenziehen" ist jünger und fachsprachlich).

Das im 16. Jahrhundert aus dem spätlateinischen *attractivus* (anziehend) entlehnte Adjektiv *attraktiv* gehört ebenfalls hierher, das letztlich aus *attrahere* (an sich ziehen, heranziehen) herzuleiten ist, aus *ad* (an, zu, hinzu) und *trahere.* Zunächst wurde es ganz allgemein in der Bedeutung „anziehend" verwendet, bis sich dann im 19. Jahrhundert, beeinflusst durch englisch *attractive* und französisch *attractif,* die heutige Bedeutung herausbildete. Dazu gesellt sich – „hereinspaziert!" – seit dem 19. Jahrhundert, aus englisch *attraction* abgeleitet, die *Attraktion* (zunächst nur im Zirkusjargon).

Und wo wir gerade beim Englischen sind, können wir nebenbei auch noch *trainieren/Training* erwähnen, bei dem man schon einige Haken nachvollziehen muss, um bei unserem vertrauten

trahere anzukommen. Wir haben es im 19. Jahrhundert aus englisch *to train* (ziehen, aufziehen, abrichten) entlehnt (zunächst nur für den Pferdesport), das Englische hat es aus dem Französischen: *traîner* (ziehen, nachschleppen), das Französische wiederum hat es aus dem Vulgärlateinischen: *tragere,* das endlich für das klassische *trahere* steht. Verschlungen sind die Pfade der Wörter.
Auch aus dem Englischen übernommen haben wir im 20. Jahrhundert unseren *Traktor* (= Zieher, Schlepper), der natürlich auch auf *trahere* zurückverweist.

absurd

Wenn die Verhältnisse, die einem mit *Absurdistan* persiflierten Staat unterstellt werden, in so gut wie allen Staaten der Normalfall geworden sind, ist *Absurdistan* selbst *ad absurdum* geführt.
Das Adjektiv *absurd* (wider den gesunden Menschenverstand) ist erst im 16. Jahrhundert aufgekommen, ja da erst gebildet worden, und zwar als Kontamination (Wortkreuzung, Zusammenziehung von zwei Wörtern) aus lateinisch *absonus* (schlecht klingend) und lateinisch *surdus* (taub, nicht verstehend). Darauf zurück gehen auch *Absurdität, „ad absurdum* führen" (die Un-/Widersinnigkeit erweisen) und *Absurdistan* (Staat, in dem absurde Verhältnisse herrschen).

Abszess → Exzess

-ach, -ich

„Ach, ich hab mich ja schon gefragt, warum so viele Ortsnamen auf *-ach* und *-ich* enden." – „Na, dann schau doch einfach mal in ‚Cäsars Vermächtnis' nach."
Etliche Ortsnamen im einst „römischen" Gallien und Germanien auf *-ach, -ich* und Ähnlichem haben über die galloromische Adjektivendung *-acum* in der Tat lateinische Wurzeln. Ursprüng-

lich bezeichnen sie große Landgüter mit dem Namen des Besitzers, sind also Adjektivableitungen von lateinischen oder keltischen Personennamen. Dabei wird regelmäßig das entsprechende Substantiv, etwa *fundus* (Grund, Landgut), weggelassen. So wird aus *fundus Iuliacum* (Julisches Gut) zunächst *Iuliacum* (4. Jh.), dann *Julicha* (10. Jh.), *Guliche* (11. Jh.), *Guilich* (16. Jh.) und letztlich *Jülich.* Oder aus *fundus Antunnacum* (das Antunnische Gut) zunächst *Antunnacum* (4. Jh.), dann *Andarnacha* (10. Jh.) und letztlich *Andernach.* Diesem Muster folgen Ortsnamen wie *Echternach* (Luxemburg), *Breisach*, *Gemmenich* (Belgien), *Gürzenich*, *Zülpich* und viele andere.
Gelegentlich ist die Endung bis auf *-ch* oder *-sch* geschrumpft wie in *Lorch* oder *Kirsch* oder gar ganz verschwunden wie bei *Erkelenz* (zu rekonstruieren als **fundus Herculentiacum*) oder *Mainz* (bei Tacitus noch *Mogontiacum,* also das Landgut des Mogontios bzw. des Mogons).

Agenda → agieren

agieren

„Die Mutti kuckt alleine Krimi oder Quiz // und die Tochter ist da, wo die *Action* ist“ (Udo Lindenberg). Und da, wo die *Action* ist, *agiert* man sicher auch ganz anders als Unternehmen, die gern und oft penetrant „als Global Player weltweit *agieren*“ (natürlich ganz furchtbar innovativ und mit den allerallereinsamsten Alleinstellungsmerkmalen). Aber ganz egal, wo und wie wer *agiert, agiert* sie oder er vor lateinischem Hintergrund. Denn *agieren* wurde im 14. Jahrhundert aus dem lateinischen Verb *agere* (in Bewegung setzen, [an]treiben, hetzen, führen, anfeuern, handeln, tun u. v. m.) entlehnt, dazu im 17. Jahrhundert das entsprechende Adjektiv *agil* von *agilis* (leicht zu treiben/führen, beweglich, geschäftig).
Auch die *Agenda,* worauf ja angeblich so vieles endlich gesetzt

gehört, wurde – in der Bedeutung „Merkbuch“ – bereits im 19. Jahrhundert von *agere* abgeleitet, genauer gesagt vom Gerundivum *agenda* (das zu Treibende, das zu Tuende), während die Bedeutung „Tagesordnung(-spunkte)“ erst in der zweiten Hälfte des 20. Jahrhunderts vom englischen Substantiv „agenda“ übernommen wurde.

Und auch *aktiv* (seit dem 16. Jh.) und *Aktion* (seit dem 15. Jh.) gehen über das Adjektiv *activus* (wirksam, tätig) bzw. das Substantiv *actio* (Handlung) letztlich auf *agere* zurück. (Die natürlich auch bis auf *agere* zurückzuverfolgende *action* haben wir dann aus dem Englischen/Amerikanischen übernommen.) Die *Aktie* (seit dem 17. Jh.) ist übrigens aus der niederländischen *actie* entlehnt. Die Bedeutung „Anteilsschein“ erklärt sich über die Bedeutung „Tätigwerden vor Gericht“ und daraus abgeleitet: „klagbarer Anspruch“.

Auf das auch zu *agere* gehörende Substantiv *actus* (Getriebenwerden, Darstellung, Verrichten) ist das Substantiv *Akt* in seinen verschiedenen Bedeutungen zu beziehen: „Handlung“ (seit dem 15. Jh.), „Aufzug eines Theaterstücks“ (seit dem 16. Jh.), „Darstellung des nackten menschlichen Körpers“ (über die Bedeutung „Stellung des Modells“, 18. Jh.).

Und wenn man etwas zu den *Akten* (seit dem 15./16. Jh.) legt, hat man sich – wenn auch unbewusst – auf das Partizip Perfekt Passiv von *agere* bezogen, und zwar auf die Neutrumform im Plural: *acta* (das Vorangetriebene, das Verhandelte).

Falls schon jemand so munter vor sich hin *agiert,* will ich – so mich die *Aktion* trifft – natürlich auch ganz gern zurück*agieren,* also *reagieren* (zunächst in der Chemikersprache des 19. Jh.) können. Letzteres ist entlehnt aus *reagere* (wiederum treiben), aus *re-* (zurück) und *agere,* oder davon unabhängig neu gebildet. Einige Ableitungen sind stark fachsprachlich, etwa *Reagenz*(-glas) und *Reaktor.* Andere haben sich dazu eine oder mehrere allgemeinsprachliche Bedeutungen erobert: neben *reagieren* auch

Reaktion (chemischer Vorgang, das Reagieren, Gesamtheit aller nicht fortschrittlichen Kräfte) und *reaktionär* (dem politischen Fortschritt gegenüber feindlich).

Akt, Akte, Aktie, Aktion → agieren

alea iacta est

Tja, wenn die Würfel gefallen sind, dann ist ein Rubikon überschritten. Wer weiß, wie viele Hirten und Bauern, Kinder und Dichter, Taugenichtse und Tausendsassas bis zum Januar des Jahres 49 v. Chr. völlig ungerührt und folgenlos das norditalienische Flüsschen Rubikon überschritten hatten? Jedoch: Wenn zwei dasselbe tun, ist es noch lange nicht dasselbe oder, wie es der römische Schwankdichter Terenz schreibt: „Duo, cum idem faciunt ... // Hoc licet impune facere huic, illi non licet“ (Zwei, wenn sie dasselbe tun ... // Diesem ist es erlaubt, das ungestraft zu tun, jenem nicht). Cäsar war es nicht erlaubt (bestraft wurde er allerdings vergleichsweise spät und auch illegal, u. a. von Brutus). Als er seinerzeit zusammen mit seinem Heer diese Flüsschengrenze zwischen der Provinz Gallien und dem senatverwalteten Italien überschritt, bedeutete das Bürgerkrieg. Und weil Cäsar das wusste, schmückte er diesen entscheidenden Schritt (oder die paar Schritte – mehr konnten es bei diesem schmalen Flüsslein nicht gewesen sein) auch noch flugs mit einem damals geläufigen Zitat des griechischen Komödiendichters Menander (342–291 v. Chr.): „Der Würfel soll gefallen sein!“ Vielleicht hat dem guten Cäsar diese Worte aber auch nur sein Biograf Sueton in den Mund gelegt, und vielleicht hat Sueton dabei auch noch das Griechische ins Lateinische übersetzt mit *iacta alea est* (der Würfel ist geworfen), was heute meist in der Reihenfolge *alea iacta est* zitiert wird. Zusammengebaut ist das Ganze aus *alea* (Würfel), *iacta* (geworfen), dem Partizip Perfekt Passiv von *iacere* (werfen), und *est* (ist) von *esse* (sein).

Erasmus von Rotterdam gefiel aber wohl gar nicht, dass Sueton das „soll" des griechischen Originals unterschlagen hatte. Darum änderte der Humanist es im Manuskript seiner Sueton-Ausgabe (Köln 1544) zunächst in *alea iacta esto* um: „Der Würfel soll fallen / geworfen sein", gab es dann aber doch nicht so heraus. Ob Cäsars erste unbereinigte diesbezügliche Gedanken sich schon in dieser geschliffenen Zitatform formiert hatten – oder zunächst doch eher kommisssprachlich: „Ihr Senatorenpack werdet schon sehen, was ihr davon habt!"?

Aliment

Mühsam ernährt sich nicht nur das Eichhörnchen, auch so manchem *Proletarier* fällt das Sichernähren nicht immer leicht. Das Ernähren sorgt aber nicht nur für eine solch seltsame inhaltliche *Koalition* wie die zwischen Eichhörnchen und *Proletarier,* sondern auch für die sprachliche zwischen *Prolet, Proletarier, Proll* und *Koalition.* Was diese verbindet, ist das lateinische Verb *alere* ([er]nähren). Das *Aliment,* wörtlich also: das Mittel zum Ernähren, wurde schon im 16. Jahrhundert aus lateinisch *alimentum* (Nahrungsmittel, die auf den Unterhalt eines Kindes verwandten Kosten) abgeleitet und bis zum 17. Jahrhundert zunächst auch in der Form *Alimentum* verwendet. Heute sind es ja gleich *Alimente,* die meist nicht zu essen, sondern eher zu zahlen, mithin allenfalls Nahrungsmittelmittel sind.

Nahrungsmittel braucht natürlich vor allem der schwer malochende *Proletarier,* um sich am Stoffwechseln zu halten. Dennoch geht *alere* (ernähren) hier nur sehr mittelbar in das Wort *Proletarier* ein. Ausgehend von der Vorstellung, dass der *Proletarier* dem Staat nur mit seiner Nachkommenschaft, nicht aber mit seinem Besitz dienen kann, ist das lateinische Adjektiv *proletarius* (die Nachkommenschaft betreffend, niedrig, gemein) nämlich abgeleitet von *proles* (Heranwachsender, Nachkomme). (Dem entsprechend meint die Substantivierung *proleta ius* nach der Einteilung des Servius Tullius die Bürger der untersten Klasse.) Und mit *proles* nähern wir uns langsam *alere*, zumindest, wenn wir es ausführlicher als *pro-oles* lesen, mit *pro* (für, vor, hervor, voran). Dabei ist *-oles* auf *alescere/olescere* (wachsen, heranwachsen, gedeihen) zu beziehen und das – endlich – ist von *alere* abgeleitet. Der Proletarier als „wirtschaftlich abhängiger Lohnarbeiter" ist ein Kind des 18. Jahrhunderts. Die meist despektierlich gemeinte Kurzform *Prolet* folgte um die Wende vom 19. zum 20. Jahrhundert, noch später die Noch-kürzer-Formen *Prolo* und *Proll.*

Übrigens: Auch wenn in einer *Koalition* gewöhnlich etliche Kompromissgeburten genährt werden, geht sie doch nicht unmittelbar auf *alere* zurück, sondern auf das oben schon erwähnte *alescere,* genauer gesagt auf *coalescere* (zusammenwachsen) – allerdings über den Umweg über das im 18. Jahrhundert entlehnte französische *coalition,* das selbst wiederum aus dem Englischen übernommen worden war.

Amtsschimmel

Wenn der *Amtsschimmel* wiehert, hat der Bürger ja selten was zu lachen. Zumindest schmunzeln könnte er allerdings, wenn er erfährt, was als lateinischer Ursprung des zweiten Bestandteils in dem erst Ende des 19. Jahrhunderts aufgekommenen Ausdruck zwar nicht nachgewiesen ist, doch immerhin vermutet wird. Danach ist *Schimmel* eine volksetymologische Umdeutung von *Simile,* dem substantivierten Neutrum von lateinisch *similis* (ähnlich). Mit *Simile* wurde in den Kanzleien Kakaniens, das heißt des königlichen und kaiserlichen Österreichs, ein Formular, also ein amtlicher Vordruck, bezeichnet, mit dem man bestimmte Fälle eben auf „ähnliche" Weise behandeln konnte. Eine andere, „unlateinische" Deutung führt den Ausdruck auf eidgenössische Amtsboten zurück, die auf Schimmeln ritten, um amtliche Unterlagen zu überbringen.

Appel → Puls

Armbrust

Zwar nimmt man eine *Armbrust* in gewisser Weise mit den Armen zur Brust. Dennoch hat die *Armbrust* (mittelhochdeutsch *ar[m]-brust, ar[m]brost*) wortgeschichtlich weder mit Arm noch mit Brust zu tun. Zugrunde liegt vielmehr das volksetymologisch umgedeutete mittellateinische Substantiv *arbalista* (vielleicht über das altfranzösische *arbalestre*). Dabei wurde der zweite Teil des Wortes zunächst mit dem mittelhochdeutschen „berust, berost" (ein Neutrum mit der Bedeutung „Bewaffnung") in Beziehung gesetzt und, nachdem dieses Wort nicht mehr verwendet wurde, schließlich mit „Brust" (daher dann das Femininum). Das mittellateinische Wort geht zurück auf das lateinische *arcuballista*. Das war in der Antike eine Art Bogenschleuder, die sowohl als Handwaffe wie auch als beräderte Artillerie verwendet wurde. Das Wort setzt sich zusammen aus *arcus* (Bogen) und dem aus dem Griechischen entlehnten *ballista* (Schleudermaschine), das mit dem griechischen Verb „bállein" (schleudern) verwandt ist.
Zu *ballista* wurden Mitte des 19. Jahrhunderts die Fachwörter *ballistisch* (die Flugbahn eines Körpers betreffend) und *Ballistik* (Lehre von der Bewegung geschossener und geschleuderter Körper) gebildet.

Attentat

Immer wieder mal schreiten Menschen, denen die Politik eines Diktators, Regenten, Präsidenten etc. so gar nicht in den Kram passt, zur Tat, genauer: zur *Attentat,* pardon: zum *Attentat* (das „...tat" in *Attentat* hat nämlich gar nichts mit „Tat" zu tun, was wiederum verwundern könnte, gibt es doch andererseits durchaus den *Attentäter.*)
Im 15. Jahrhundert kam das Wort zunächst in der Rechtssprache auf. Es geht auf das mittellateinische *attentatum* (versuchtes Ver-

brechen) zurück, das wiederum aus dem Partizip Perfekt Passiv des lateinischen Verbs *attentare,* einer Nebenform von *attemptare* (beides antasten, versuchen) hervorgegangen ist. Zunächst wurde es auch ganz allgemein in der Bedeutung „versuchtes Verbrechen" verwendet. Erst im 19. Jahrhundert setzte sich unter dem Einfluss der französischen Verwendung von *attentat* die alleinige Bedeutung „Mordanschlag auf politischen Gegner" durch.
Der *Attentäter* verdankt sich der Verlegenheit eines Drehorgellieddichters, der für ein Lied über den missglückten Anschlag 1844 auf den preußischen König Friedrich Wilhelm IV. wohl vergleichsweise verzweifelt ein Reimwort zu „Hochverräter" gesucht hatte und in seiner Not angelehnt an „Übeltäter/Missetäter" frech einfach den *Attentäter* schöpfte.

attraktiv → abstrakt

audiatur et altera pars

Das hat man sich ja vielleicht schon das eine oder andere Mal geleistet: der Darstellung einer interessierten Partei voreilig geglaubt, ohne auch andere Stimmen dazu gehört zu haben. Wenn man sich von diesem einzigen Hörensagen ein Urteil bildet, kann man leicht reinfallen. Ein Urteil bilden muss man sich aber ja glücklicherweise nicht immer. Es sei denn, man ist Richter: Dann muss man. Gut, wenn man dann wenigstens dem alten Grundsatz des Prozessrechts folgt: *audiatur et altera pars* (es möge auch die andere Partei gehört werden).
Der lateinische Grundsatz stammt in dieser Form aus dem Theaterstück „Medea" des römischen Dichters, Philosophen und Politikers Seneca (um 4 v. Chr. bis 65 n. Chr.).

audio-

Heimdall, ein ziemlich sinneskräftiger Ase, habe, so die jüngere Edda, das Gras in der Erde und die Wolle auf den Schafen wach-

sen hören können. Und das damals ja – alle Achtung! – ohne jegliche Verstärkung durch irgendwelche *audio*technischen Geräte. Das Wortbildungselement *audio-* signalisiert, dass wir was auf die Ohren kriegen. Denn *audio-* geht auf das lateinische *audire* (hören) zurück. Den gleichen Ursprung haben *Auditorium* (Hörsaal, Zuhörerschaft) und *auditiv* (das Hören angehend).
Selbst die Automarke *Audi* gehört hierher. Denn *audi* (höre!) ist der Imperativ 1 von *audire* und gibt seit 1909 als Übersetzung des Firmengründernamens „Horch“ (= höre!) der Marke den Namen. Und wo wir gerade bei Autos sind: Auch der Name der schwedischen Automarke *Volvo* ist lateinisch. Er geht auf das Verb *volvere* (drehen, rollen) zurück und ist die erste Person des Präsens *volvo* (ich rolle, drehe). In gewisser Weise ist sogar *Mercedes* lateinisch. Zwar ist das Auto nach einer Person benannt, aber der weibliche Vorname führt doch ins Lateinische: *Mercedes* ist abgeleitet vom Fest „Maria de mercede redemptionis captivorum“ (Maria von der Gnade der Erlösung der Gefangenen) mit *merces,* gedeutet als Gnade (eigentlich: Belohnung). *Fiat* wird von Böswilligen gern als lateinisch gedeutet: *fiat* (es möge werden / es geschehe), ist aber italienisch: „Fabbrica Italiana Automobili Torino“.

Auditorium → audio-

bakterizid → -zid

ballistisch → Armbrust

Barbe

Bei der *Barbe* (wissenschaftlich *Barbus barbus*) geht es nun wirklich nicht um den Bart des Propheten, sondern ganz allein um ihren eigenen. Denn die Bezeichnung *Barbe* geht zurück auf ihre zwei Bartelpaare, die sich als sehr hilfreich erweisen für eine ihrer Lieblingsbeschäftigungen: das Gründeln. Über das althochdeutsche *barbo* geht die Bezeichnung für unseren Flussfisch zurück auf das lateinische *barbus* (Barbe), das dann wiederum auf *barba* (Bart) zu beziehen ist.

Becher

Bei Nofretete ist ja klar, dass wir sie aus Ägypten haben – die Büste wohlgemerkt. Beim Wort *Becher* kann man das allenfalls vermuteten. Zunächst einmal haben wir das Wort im 11. Jahrhundert über althochdeutsch *behhari* aus lateinisch *bicarium* (Becher, Hohlmaß) entlehnt, was aber wiederum auf griechisch *bikos* (Behälter mit zwei Henkeln) zurückgeht. Und das schließlich stammt wahrscheinlich aus dem Ägyptischen.

Beinbrecher → Pfau

bella gerant alii, tu, felix Austria, nube!

Von den vielen, vielen Argumenten, die man gegen Kriege ins Feld führen könnte, zählt eines ganz besonders: Man stirbt dabei so leicht. Eben das soll, glaubt man den Dichtern, auch Protesilaos passiert sein. Als die Griechen nämlich seinerzeit gegen Troja zogen, war er der Erste, der aufs Ufer sprang und auch das erste Opfer des Trojanischen Krieges. Immerhin: Die Götter waren halbwegs gnädig und ließen ihn für drei Stunden zu seiner Frau Laodamia zurückkehren, was viel, viel später Ovid (43 v. Chr. bis 17 oder 18 n. Chr.) in seinen „Heroides“ so kommentierte: *„Bella gerant alii! Protesilaus amet!“* (Mögen andere Kriege führen! Protesilaos soll lieben!).
In Anspielung auf die geschickte Heiratspoltik der Habsburger wurde Ovids Hexameter noch viel später abgewandelt zum Distichon: „Bella gerant alii, tu, felix Austria, nube! // Nam quae Mars aliis, dat tibi regna Venus!“ (Kriege mögen die anderen führen, du, glückliches Österreich, heirate! // Denn die Reiche schenkt dir Venus wie anderen Gott Mars!).

Schon seit dem 14. Jahrhundert soll dieser Spruch geläufig sein. Der Urheber ist aber nicht gesichert. Gelegentlich wird der ungarische König Mátyás Hunyadi (1443–1490) vermutet (dann wäre der Spruch freilich doch erst später entstanden).

Beton → Bitumen

betrachten → trachten

Bier

Das ist nicht unser *Bier:* das *Bier*. Es ist lateinisch, oder? Genaues weiß man nicht. Unter Alkohol verunklart sich doch ja einiges: Schnaps ist Schnaps, aber *Bier* ist durchaus nicht *Bier,* sondern Birne – zumindest in der Wendung „Das ist nicht dein Bier“: Die geht vermutlich auf die kölsche Redewendung „Dat sönd ding Beäre net“ zurück. Im Kölschen sind „Beäre“ aber „Birnen“. Schon da herrscht Unklarheit. Die Kölner waren ja recht lange Teil des römischen Imperiums und haben immer gern für Anlässe gesorgt, ungehemmt den lateinischen Trinkspruch „Ergo *bibamus!*“ (Lasst uns also trinken!) ins gelassene Rheinland hallen lassen zu dürfen. Und das Verb *bibere* (trinken) könnte auch – über das spätlateinische *biber* (Getränk) – für das *Bier* Pate gestanden haben. (Allerdings ist zudem die indoeuropäische Wurzel **bh(e)u-*, **bhu-* [blasen] im Rennen oder auch *brauen.*) Da ist uns irgendwo der Anschluss verloren gegangen: „Wat fott es, es fott“ (Artikel des rheinischen Grundgesetzes).

bilateral → kollateral

Bitumen

Man kann sich schon vorstellen, dass die Germanen ganz schön beeindruckt waren, als sie mitbekamen, was die Römer so alles an Hoch- und Tiefbau in die bis dahin eher unberührte Land-

schaft stellten, vor allem in die Landschaft Germaniens links des Rheins und südwestlich des Limes. So etwas konnten sie selbst erst mal nicht. Aber sie übten fleißig und übernahmen etliche Techniken des Bauwesens von den Römern und damit viele der dazugehörenden Bezeichnungen, so auch die Bezeichnung *Bitumen* für den natürlichen Asphalt, der vornehmlich dazu dient, etwas gegen Feuchtigkeit und Nässe zu schützen, aus gleichlautend lateinisch *bitumen* (Erdpech, Erdharz). Ob das Wort dann noch weiter ins Keltische verweist, ist nicht gesichert. Bei Lukrez etwa ist von unter üblem Gestank fest werdendem *Bitumen* die Rede: „taetro concrescere odore bitumen."
Im Französischen ist aus *Bitumen* übrigens *Beton* geworden – mit der bekannten Bedeutungsveränderung –, das dann im späten 18. Jahrhundert ins Deutsche entlehnt wurde. Auf diese Weise haben wir im Deutschen zwei Wörter mit ganz unterschiedlicher Bedeutung, die auf ein und dasselbe lateinische Wort zurückgehen.

Brief

Wenn wir hier kurz auf den *Brief* eingehen, haben wir mit „kurz" auch schon Wesentliches zu seiner Bedeutung ausgesagt. Denn *Brief* geht auf lateinisch *breve* (kurzes Verzeichnis, Liste) zurück, das substantivierte Neutrum des Adjektivs *brevis* (kurz). Über lange Zeit war *Brief* (althochdeutsch *brief, briaf*) der Kanzleisprache vorbehalten (seit dem 9. Jh.) und wurde dort im Sinne von „Schreiben, offizielle Mitteilung, Urkunde" verwendet. Diese Bedeutung hat sich bis heute durchgezogen in Zusammensetzungen wie *Schuldbrief, Freibrief, Frachtbrief* oder im Verb *verbriefen* (urkundlich garantieren, „das verbriefte Recht" etwa) oder in der Wendung „mit *Brief* und Siegel". Aus der Zusammensetzung *Sendbrief* entwickelte sich seit der mittelhochdeutschen Zeit die heutige Bedeutung.
Das ursprüngliche *Breve* hat sich in der Kirchensprache gehalten,

und zwar in der Bedeutung „päpstlicher Erlass in einfacher Form“, und in der Musik das ursprüngliche *Brevis* als Bezeichnung für die Note im Notenwert von zwei ganzen Noten, notiert als quer liegendes Rechteck.

Brille

„Ein indischer Seemann, ja, der hat es schwer, // der hat keine *Brille,* darum sieht er nichts mehr“ (nach Insterburg & Co., stark verhunzt).

Hätte der indische Seemann aber eine Brille, wäre er wahrscheinlich ziemlich nah bei sich, das heißt in Indien. Doch mal ganz langsam: Bei der *Brille* steht das Material für den Gegenstand: Die Linsen der ersten um 1300 hergestellten *Brillen* wurden nämlich aus *Beryll* hergestellt. (Rhetorisch gesehen ist *Brille* also ein Verschiebungsbild, genauer: eine Metonymie, da vom Gegenstand auf das Material verschoben wird.) Das Wort *Beryll* wiederum geht auf lateinisch *Beryllus* (Beryll) zurück. Das aber verdanken die Römer selbst schon den Griechen. Da sind wir aber immer noch nicht am Ende des Weges. Denn *Beryll* ist wirklich weit hergeholt. Die Griechen haben es nämlich aus mittelindisch *veruliya, veluriya* (vermutlich nach der südindischen Stadt *Belur*) entlehnt.

bugsieren → Puls

bunt

Bunt ist schwarz-weiß – zumindest im Mittelhochdeutschen, da bedeutet es noch „schwarz-weiß gefleckt“ und bezieht sich zunächst auf Pelze. Die heute geläufige Bedeutung hat *bunt* erst seit dem 14. Jahrhundert. Ganz sicher ist die Herkunft des Adjektivs nicht, aber es könnte sich aus dem lateinischen Partizip Perfekt Passiv *punctum* (gestochen), vom Verb *pungere* (stechen), herleiten, das zunächst in Klöstern für Stickarbeiten verwendet wurde.

Diesem *punctum* (substantiviert: das Gestochene, eingestochenes [Satz-]Zeichen) verdanken wir über spätlateinisch *punctus (Punkt)* eben auch unseren *Punkt* und seit dem 15. Jahrhundert auch *pünktlich.*

carpe diem

Wenn sich – wie geschehen – ein Altenheim *carpe diem* (genieße [wörtlich: rupfe, pflücke] den Tag) nennt, kann man das vielleicht sogar zynisch finden. Zitiert ist die Aufforderung jedenfalls aus Horaz' „Oden". Dort wird der Leukonoe geraten: „[...] Sapias, vina liques et spatio brevi // spem longam reseces. Dum loquimur, fugerit invida // aetas: *carpe diem* quam minimum credula postero." (Frei übersetzt: [...] Wahre dein Gespür, kläre den Wein und schneide die langfristige Hoffnung zurück im Blick auf den kurzen Zeitraum. Während wir noch reden, wird sich die missgünstige Lebenszeit aus dem Staub gemacht haben: Genieße den Tag, keineswegs als Leichtgläubige dem nächsten gegenüber.)
Hier propagiert Horaz, genauer: Quintus Horatius Flaccus (65 v. Chr. bis 8 v. Chr.), die epikureische Philosophie, nach der das höchste Gut darin besteht, dass der Einzelne sein privates Glück erreicht. Und für Horaz, zumindest den jüngeren, gehört dazu, den Augenblick zu nutzen. Nun: Horaz konnte sich seinen am philosophisch-feinsinnig zurückgezogenen Genuss orientierten Epikureismus gut leisten, hatte er doch in Maecenas, dem etruskischen Freund des Oktavian, des späteren Augustus, einen einflussreichen Mäzen (dessen Name denn auch der Ursprung unseres Fremdwortes „Mäzen" ist). Aber auch die eher sinnlichen Genüsse von Weib, Wein und Fresserei strafte Horaz nicht durchgehend mit Verachtung. Als rund und behäbig, in wohlgepflegter Leiblichkeit beschreibt er sich: „Epicuri de grege porcum" (ein rechtes Schweinchen aus Epikurs Herde). Und: „dulce est desipere in loco" (es ist reizvoll, auch mal was Verrücktes zu machen). Über Maecenas, der neben Horaz auch Vergil, Varius und viele

andere „Kulturschaffende" förderte, näherte sich Horaz, der in seiner Jugend noch bei Philippi für den Cäsarmörder Brutus gegen Oktavian gekämpft hatte, nach und nach Oktavian/Augustus immer mehr an – bis er schließlich seinem Epikureismus abschwor und quasi als Staatsdichter endete.

circa

Ein treuer Gefährte für waghalsige Expeditionen durch das weite, weite Land des Ungefähren ist das Adverb *circa/zirka*. Auch im Lateinischen heißt *circa circa* (ringsherum, übertragen: ungefähr) und ist zusammengebaut aus der Präposition *circum* (um) und dem Demonstrativpronomen (im Akkusativ Plural) *ea* (dies), heißt also wörtlich so viel wie: „um dies, drumherum". Und *circum* ist auf *circus* (Kreis, Kreislinie) zu beziehen. In der übertragenen Bedeutung wurde daraus dann die Spielstätte, so etwa der *Circus maximus* (die größte Spielstätte) in Rom, der zur Zeit des Augustus 150 000 Plätze geboten haben soll und im 4. Jahrhundert sogar *circa* 385 000. Die eigentliche Arena (Kampfbahn, von „arena", was eigentlich nur Sand bedeutet) führte um eine längliche Erhebung, „spina" (eigentlich: Rückgrat), herum, die mit Säulen, Obelisken und Skulpturen geschmückt war. Von diesen Spielstätten *(circi)* leitet sich auch unser *Zirkus* ab.

Clown → Kultur

cogito, ergo sum

Man kommt ja immer wieder in Situationen, in denen einem doch viel dran zu sein scheint an dem alten Spontispruch: „Ich denke, also bin ich – hier falsch." Natürlich wird mit diesem Gag die berühmte Sentenz des französischen Philosophen, Mathematikers und Naturwissenschaftlers René Descartes (1596–1650) *cogito, ergo sum* (ich denke, also bin ich) satirisch abgewandelt. In seinem lateinisch geschriebenen Hauptwerk „Principia philosophiae" (Die Prinzipien der Philosophie) hatte er 1644 knapp zusammengefasst, was denn nun bei der ganzen Denkerei im Wesentlichen herausgesprungen sei: „Haec cognitio: ego cogito, ergo sum, est omnium prima et certissima" (Diese Erkenntnis: „Ich denke, also bin ich", ist die erste und sicherste von allen). Dass so eine hübsche Formel zu Abwandlungen und Persiflagen (sei es auf Lateinisch oder Deutsch) geradezu reizt, liegt auf der Hand, etwa: „Coeo, ergo sum" (Ich koitiere, also bin ich). Überhaupt wird ja fast alles, was irgendjemandem sehr wichtig ist, gern unter diese Formel gebracht: „Ich x, also bin ich", wobei x je nach Gusto mit „spiele Fußball / Geige / Schach / keine Rolle", „schreibe", „jogge", „stoffwechsle" und, und, und besetzt sein kann.

cui bono?

„Bon soir, bon soir, Herr Kommissar, // wissen Sie schon, wer es war?" (aus einem Vico-Torriani-Schlager).

Wenn er's nicht weiß, der Kommissar, fragt er als gewiefter Kriminalist sicher erst einmal nach dem Motiv. Ein Motiv könnte sein, dass der Täter durch die Tat einen Vorteil zu erwarten hat. Also könnte die Antwort auf die Frage *cui bono?* (wem [gereicht die Tat] zum Guten = wem nützt die Tat) durchaus zum Täter führen.

Der erste Beleg für die Formel *cui bono?* findet sich beim jungen Cicero. Er zitiert die Formel in seiner Rede „Pro Roscio Amerino" als einen Ausspruch des ehemaligen Konsuls Lucius Cassius Longinus Ravilla.

Die Wirren der blutigen Herrschaft des Diktators Sulla hatten manche genutzt, um sich selbst zu bereichern und/oder sich persönlicher Gegner zu entledigen. Immerhin hatte Sulla selbst die Strafgerichtsbarkeit wieder eingerichtet und so konnten etliche der begangenen Verbrechen abgearbeitet werden. Im Jahre 80 v. Chr. nun war ein gewisser Sextus Roscius angeklagt, seinen eigenen Vater aus purer Geldgier umgebracht haben zu lassen. In einer politisch brisanten Gemengelage fand sich allerdings kein renommierter Verteidiger für Roscius und so sprang ein Frischling in die Bresche: Marcus Tullius Cicero (106–43 v. Chr.). Und der machte die Frage des *Cui bono?* zur entscheidenden seiner Verteidung. Und siehe da, es erwies sich, dass nicht der angeklagte Sohn Roscius, sondern vielmehr ein gewisser Chrysogonus, ein Günstling des Sulla, an das gesamte Vermögen des Ermordeten gelangt war. Damit war Roscius aus dem Schneider. Es wurde Ciceros erster richtig großer Erfolg vor Gericht. Von da an traute man ihm jeden Fall zu.

cum grano salis

Dass man eine Speise etwa *cum grano salis* (mit einem Körnchen Salz) verfeinert, ist an sich nichts Ungewöhnliches. Allerdings wird *cum grano salis* im übertragenen Sinne ja eher so verwendet, dass man das Körnchen Salz als Fremdkörper betrachtet, der eine an sich runde Sache mehr oder weniger erheblich stört, also einschränkt. Die Redewendung beruht möglicherweise auf einer Stelle aus „Naturalis historia" (Naturgeschichte) von Plinius dem Älteren (23–79): Ein bestimmtes Gegengift zeige nur dann Wirkung, wenn man ein Körnchen Salz hinzufüge.

Datum

„Geben ist seliger denn nehmen", sagen sich seit Menschengedenken auch die Verwaltungen überall auf der Welt und geben dem eh schon gebeutelten Bürger immer wieder gern mal störende Aufträge mit in den Alltag. Und sie geben (lateinisch *dare*) nicht nur Aufträge, sondern auch Buchstaben (lateinisch *litteras, litteras dare* – „Buchstaben geben" = schreiben), das heißt, sie geben's einem nicht nur heftig, sondern auch schriftlich. Damit sich der Bürger auch ja nicht herausreden kann, was den Zeitpunkt der amtlichen Schikane angeht, halten sie diesen auch gern auf dem

amtlichen Schreiben fest. Dies tun die deutschen Kanzleien seit etwa dem 13. Jahrhundert gern mit der festen Wendung *[litteras] datum* (Buchstaben gegeben = geschrieben, ausgefertigt am ...), mit *datum* (gegeben), dem Partizip Perfekt Passiv von *dare*. Dazu gehört als Analogiebildung zu „Kartei" seit der zweiten Hälfte des 20. Jahrhunderts auch *Datei*.
Das ebenfalls auf *datum* zu beziehende Verb *datieren* folgte im 16. Jahrhundert als Entlehnug des französischen *dater*.
Und im Plural überschwemmen uns *Daten* nach dem Vorbild der englischen *data* seit Mitte des 20. Jahrhunderts mit Informationen aller Art und Unart, kumulieren zu *Datenfluten* (und wenn wir nicht höllisch Acht geben, wahrscheinlich demnächst auch zu *Datentsunamis*), werden auf *Datenbanken* gehortet und erfordern einen immer ausgetüftelteren *Datenschutz*.

de mortuis ni[hi]l nisi bene

Wenn man tot ist, hat man ja nur sehr beschränkte Einflussmöglichkeiten auf das weitere Geschehen. Vor allem: Man kann sich gegen nichts wehren – auch nicht gegen üble Nachrede. Darum zeugt es ja auch von ganz, ganz schlechtem Stil, wenn gegen Tote nachgetreten wird. Schon Plinius wusste, dass „cum mortuis non nisi larvas luctari" (mit Verstorbenen nur Gespenster ringen). Aber was heißt hier: schon Plinius? Weit vor ihm, im 6. Jahrhundert v. Chr. nämlich, hatte bereits der Spartaner Chilon, einer der sieben Weisen Griechenlands, gefordert, nur gut über Tote zu reden. Und so ist auch die bekannte lateinische Spruchweisheit *de mortuis nihil nisi bene* (über Tote nichts, wenn nicht gut [geredet]) nicht auf einen bestimmten Autor zurückzuführen, sondern eher als „Traditional" zu betrachten.

defekt

Wenn es eh schon hektisch genug ist, ist ein *Defekt* genau das, was einem noch gefehlt hat. Oder? Ein *Defekt,* der fehlt, ist eigentlich

gar keiner. Oder ist – anders betrachtet – vielleicht sogar dann erst der *Defekt* perfekt? Lateinisch wörtlich genommen ist ein *Defekt* nämlich das, was einem fehlt. Denn das lateinische Substantiv *defectus* ist vom zweiten Partizip des Verbs *deficere* (sich losmachen, fehlen) abgeleitet, das wiederum aus *de-* (von ... weg) und *facere* (machen) zusammengebaut ist. Und zunächst (15./16. Jh.) wurde *Defekt* nicht nur im heute üblichen Sinn von „Schaden, Fehler" verwendet, sondern auch und vor allem im Sinne von „Lücke, Differenz, Fehlposten" (etwa, wenn einem Kaufmann etwas von seiner Inventarliste oder seinen Einnahmen „fehlte"). Davon aber, dass etwas *defekt* ist, spricht man seit dem 17. Jahrhundert und zunächst auch nur in der Bedeutung von „nicht vorhanden, unvollständig". Erst ab dem 19. Jahrhundert ist etwas in unserem Sinne *defekt,* also „schadhaft, kaputt".
Die alte Bedeutung von *Defekt* „Lücke, Differenz, Fehlbetrag" wird im 18. Jahrhundert dann vollständig vom aus dem Französischen *(déficit)* entlehnten Fremdwort *Defizit* übernommen. Zugrunde liegt die lateinische Verbform *deficit* (es fehlt). Besser, als dass es an allen Ecken und Enden fehlt *(„defiziert"),* wäre es wohl, wenn das Fehlen fehlte, also ein *Defizitdefizit.*

Defizit → defekt

deklamieren, deklarieren → klar

delegieren → Kollege

Delirium

„Es lebt der Eisbär in Sibirien. // Es lebt in Afrika das Gnu. // Es lebt der Säufer in *Delirien.* // In meinem Herzen lebst nur du." So will es das deutsche Liedgut. Und was tut der Säufer da in den *Delirien?* Klar, er *deliriert* – das heißt arg wörtlich genommen nichts anderes, als dass er „von der geraden Linie abweicht", was

ja für alkoholgesättigte Organismen nicht ganz uncharakteristisch ist. Das Verb *delirare* liegt dem Substantiv *delirium* (das Irresein) zugrunde und damit auch den Fremdwörtern *Delirium* (Bewusstseinstrübung) und *delirieren* (im Delirium sein, irrereden). Man kann *delirare* noch ein wenig weiter aufdröseln, nämlich in *de lira* (von der geraden Linie weg) mit *de* (von ... weg) und *lira* (Furche, übertragen: gerade Linie).
Eher zu vermeiden ist es, ins *Delirium tremens* abzudriften – in eine Psychose, in der man nicht nur mit eigentlich nicht vorhandenen weißen Mäusen per Du (bzw. perdu) ist, sondern auch ganz heftig das große Zittern bekommt, eben das zitternde *Delirium,* mit *tremens,* dem Partizip Präsens Aktiv von *tremere* (zittern).
In den frühen Siebzigerjahren hatte sich eine Essener Vorstadtrockgruppe übrigens den gewagten Namen *Delirium clemens* gegönnt: das milde *Delirium.*

dement → mental

denunzieren

August Heinrich Hoffmann von Fallersleben (1798–1874), der Dichter des Deutschlandliedes, war sich da ganz, ganz sicher: „Der größte Lump im ganzen Land, das ist und bleibt der *Denunziant*" (Politische Gedichte aus der Vorzeit Deutschlands, 1843). *Denunzieren* kann man jemanden, aber auch etwas. Im Sinne von „jemanden aus persönlichen niedrigen Beweggründen verraten" wurde *denunzieren* im 16. Jahrhundert von lateinisch *denuntiare* (kundtun, anzeigen) entlehnt und vom ersten Partizip dieses Verbs *denuntians,* Genitiv: *denuntiantis,* (kundtuend, anzeigend) der *Denunziant.* Das lateinische Verb ist zusammengesetzt aus der Präposition *de-* (von ... weg, über) und dem Verb *nuntiare* (ankündigen, melden). Dieses Verb wiederum ist auf das Adjektiv bzw. Substantiv *nuntius* (meldend, hinterbringend; Melder, Botschafter) zu beziehen (dem wir übrigens auch den *Nuntius* verdanken, den diplomatischen Vertreter des Papstes bei einer Staatsregierung). Die Zwischenform *noventius* lässt manche Forscher sogar einen etruskischen Ursprung vermuten.

deprimieren → pressen

Destillat

„Alkohol ist keine Lösung. Alkohol ist ein *Destillat*." Das entsprechende Verb *destillieren* – bis zum 19. Jahrhundert hat man *distillieren* verwendet – wurde um 1400 aus dem lateinischen Verb *destillare/distillare* (herabtröpfeln), aus *de* (herab, von, über) und *stillare* (tröpfeln), abgeleitet. Zu beziehen ist *stillare* auf das Substantiv *stilla* (Tropfen). Das Partizip Perfekt Passiv von *destillare*, nämlich *destillatum* (das Herabgetropfte), lieferte die Vorlage zu *Destillat* (16. Jh.).
Übrigens und nur nebenbei: „Alkohol" selbst hat überhaupt nichts Lateinisches. Den verdanken wir den Alchemisten (ursprünglich war damit feines, trockenes Pulver gemeint). Das Wort ist über das spanische „alcohol" aus dem Arabischen entlehnt: al-kuhl (Augenschminke aus Antimon).

destruktiv

„Annabelle, ach Annabelle, // du bist so herrlich intellektuell, // du bist so wunderbar negativ // und so erfrischend *destruktiv*."
Wenn es sich (wie hier in Reinhard Meys ironischer Hymne auf den Intellektualismus) nur auf eine einzelne Person wie die wunderbar negative Annabel bezieht, die zudem wohl auch nicht gerade an den Fäden der Macht zieht, ist es ja durchaus noch zu verkraften, das *Destruktive*. Schlimmer war es ja noch beim „Protestsänger" Barry McGuire, der einst davon sang, dass wir am Vorabend der Zerstörung, am „Eve of Destruction", stünden. Heute sind wir da ja einen Schritt „weiter". Stopp! Das ist jetzt nicht wirklich *konstruktiv*. *Konstruktiv*, wenn auch nicht politisch,

ist es, *destruktiv* und *konstruktiv* auf ihre lateinischen Ursprünge zurückzuführen. Beiden zugrunde liegt das Verb *struere* (schichten, aneinanderfügen, errichten, ordnen), genauer gesagt dessen Komposita *destruere* (niederreißen, zerstören) mit der Präposition *de* (von ... weg, herab), die oft ausdrückt, dass das mit dem Grundverb Gesagte gerade nicht der Fall ist, und *construere* (zusammen-, aufschichten, aufbauen) mit *con-* (ver-, zusammen-, mit-). Von deren Partizipien Perfekt Passiv *destructum* und *constructum* abgeleitet sind die spätlateinischen Adjektive *destructivum* (zerstörend) und *constructivum* (aufbauend), die schließlich zu *destruktiv* (seit dem 18. Jh. über das französische *destructif*) und *konstruktiv* (seit dem 19. Jh.) überleiten. Natürlich sind auch *konstruieren* und *Konstruktion* (beide seit dem 16. Jh.), dies über *constructio* (Zusammenschichtung, Aufbau), auf *construere* zu beziehen. Und was in *destruktiven* Zeiten kaputt gemacht wurde, wird später gelegentlich wieder neu entworfen und gebaut, also *rekonstruiert* (wie *Rekonstruktion* seit dem 19. Jh.), was allerdings eine französische Bildung ist: *reconstruire* aus: *re-* (wieder) und *construire* (natürlich von *construere*). Nicht zu vergessen sind *instruieren* und *Instruktion* (beide seit dem 16. Jh.) wie auch *instruktiv* (seit dem 18. Jh. über das französische *instructif*), die auf *instruere* (hineinfügen, aufstellen, unterweisen) zurückzuführen sind. Auch in diesen Kreis gehören *strukturieren* und *Struktur*, die über *structura* (Aufbau, Ordnung), abgeleitet vom Partizip Perfekt Passiv *structum* (geschichtet, errichtet), auf *struere* zurückgehen.
Wir sehen: Das Verb *struere* war im Deutschen ganz schön produktiv. Übrigens steckt es auch noch in *Instrument* (seit dem 16. Jh.) von lateinisch *instrumentum* (Werkzeug, Hilfsmittel).

dichten

„Viel, ja, lügen die *Dichter*", klagte vor über 2000 Jahren der gute Platon. Und hat er recht? Nun. Zunächst ist da ja die Frage: „Was

will uns der *Dichter* damit sagen?" Und mit dem Sagen kommen wir der Sache bzw. dem Wort *dichten* schon näher. Das nämlich geht über althochdeutsch *dihton/tihton* auf lateinisch *dictare* (vorsagen, diktieren) zurück, das auf *dicere* (sagen, vortragen) zu beziehen ist, und wurde seit dem 9. Jahrhundert lange Zeit nur in der Bedeutung „ein Schriftwerk verfassen" verwendet, die sich noch bis ins 17. Jahrhundert verfolgen lässt. Allerdings kommt schon im Mittelhochdeutschen die heutige Bedeutung „Verse schmieden, Lyrik schaffen" hinzu.
Das Substantiv *Dichter* tritt im 12. Jahrhundert erstmals auf, kann sich aber als Wort nicht recht durchsetzen, bis es schließlich im 18. Jahrhundert seinen Durchbruch hatte und das verflachte *Poet* ersetzte.
Nebenbei: Der *Poet* wie auch die *Poesie* gehen ebenfalls auf das Lateinische zurück, und zwar auf *poeta* (Dichter) und über französisch *poésie* auf *poesis* (Dichtkunst). Beide wurden jedoch dort schon aus dem Griechischen entlehnt, aus *poiesis* (das Machen, Verfertigen, Dichten) und *poietes* (Schöpferischer, Dichter). Zugrunde liegt das Verb *poiein* (machen, verfertigen, schöpferisch tätig sein).
Hölderlin war übrigens ganz und gar nicht Platons Ansicht – kein Wunder, war er doch selbst *Dichter:* „Was bleibet aber, stiften die *Dichter.*"

diskriminieren → Krimi

Disziplin → kapieren

divide et impera!

Wer an der Macht ist, muss sich erfahrungsgemäß einiges einfallen lassen, um dort auch zu bleiben. Nach dem Grundsatz *divide et impera!* (entzweie und herrsche!) vorzugehen, gehört dabei zu den eher probaten Mitteln. Der Grundsatz ist in anderen Worten

durchaus schon bei den Römern zu finden, etwa wird in der Aeneis als hohe Staatskunst gepriesen, „parcere subiectis et debellare superbos“ (Unterworfene zu schonen, Aufsässige aber zu beugen).
Jedoch soll der Grundsatz in der bekannten Form die latinisierte eines Leitsatzes König Ludwigs XI. von Frankreich (1423–1483) sein: „diviser pour régner“. Johann Wolfgang von Goethe, der ja zu allem was zu bemerken hatte, sah das wohl kritisch: „Entzwei und gebiete! Tüchtig Wort. // Verein und leite! Bessrer Hort.“ Als die preußischen Truppen am 3. August 1815 im eroberten Paris den Geburtstag Friedrich Wilhelms III. feierten, bezogen sie sich mit der Inschrift auf dem Quartier des Königs lieber auf die Aeneis-Variante. Da stand allerdings wohlweislich nur die halbe – und gerade deshalb vielleicht doch tiefere – Wahrheit: „Parcere subiectis.“

do ut des

Im privaten und nicht selten auch im Geschäftsleben zeugt es ja von einer gewissen Menschlichkeit, Gelassenheit und Großzügigkeit, wenn man nicht bei allem, was man jemandem Gutes tut, gleich mit einer Gegenleistung rechnet. Gleichwohl gehört in bestimmten Angelegenheiten die Gegenleistung zur Leistung dazu: „quid pro quo“ (etwas für etwas). Um das ganz klarzustellen, wurde bei verschiedenen Rechtsgeschäften, vor allem bei Verträgen, im alten Rom die Formel *do ut des* (ich gebe, damit du gibst) gesprochen. Das *Do-ut-des*-Prinzip ist aus dem römischen Recht in unser Rechtssystem übergegangen und beschreibt das Synallagma (auf vertraglicher Vereinbarung begründete gegenseitige Abhängigkeit) zwischen Leistung und Gegenleistung, niedergelegt in § 320 BGB.

eichen

Während am Deutschen der berüchtigt deutschen Eiche kaum zu rütteln ist, ist das Verb *eichen* durchaus fremder Provenienz, letztlich lateinischer, versteht sich. Belegt ist mittelhochdeutsch *ichen, eichen.* Ursprünglich war es ein Fachterminus des Weinbaus, den die Germanen den Römern abgeschaut hatten und mit ihm auch viele der entsprechenden Begriffe. Gemeint war mit dem Verb zunächst das Ausmessen und Zeichnen der Gefäße. Wahrscheinlich wurde es im Altfränkischen Nordgalliens entlehnt, und zwar aus lateinisch *[ex]aequare [misuras]* (die Maße ausgleichen).

emanzipieren

Eigentlich ist *Emanzipation* (seit dem 18. Jh.) eine herrliche Sache, weniger eine frauliche. Denn das unserem Verb *emanzipieren* (seit dem 17. Jh.) zugrunde liegende lateinische Verb *emancipare* (aus der Vormundschaft entlassen) bezieht sich zunächst einmal auf einen heranwachsenden Sohn, mithin auf einen jungen Herrn – und dann auf einen erwachsenen Sohn (dann auf einen Sklaven), der aus der väterlichen Gewalt in die Selbstständigkeit entlassen wird. Das Verb setzt sich zusammen aus *e* (aus) und *mancipium* (Erwerbsritual durch Handauflegung). Darin wiederum steckt *manus* (Hand) und *capere* (nehmen, fassen, ergreifen). Eher despektierlich verwendet wird der erst im 20. Jahrhundert aufgekommene Begriff *Emanze:* „Ich sagte: ‚Darf ich bitten oder wolln wir erst tanzen?' // Sie wurde rot und rührte wie ertappte Emanzen // in ihrer Cola." (Heinz Rudolf Kunze).
Emanzipation ist übrigens in die Liste der 100 Wörter des 20. Jahrhunderts aufgenommen worden, die eine Jury des Fernsehsenders 3sat 1998 kürte.

emigrieren → Migration

eminent

Schon lange bevor wir Papst geworden sind, war ja der damalige Kardinal Ratzinger durchaus berühmt (respektive berüchtigt). Man kann sagen, dass schon zu dieser Zeit seine *Eminenz eminent prominent* war. Aber im Grunde ragt eine *Eminenz* ja schon per definitionem aus der Masse heraus, ist der kirchliche Titel doch aus dem lateinischen Substantiv *eminentia* (das Hervorragen, Erhöhung) entlehnt, das vom Verb *eminere* ([vertikal] herausragen) abgeleitet ist: aus der Präposition *e[x]* (aus) und einem rekonstruierten Simplex **minere* (ragen). Das Simplex wiederum ist zu beziehen auf das Substantiv *minae* (Zinnen), das mit *mons* (Berg) verwandt ist.

Das Adjektiv *eminent* dagegen wurde im 18. Jahrhundert aus dem französischen *éminent* abgeleitet und geht auf das Partizip Präsens Aktiv *eminens*, Genitiv: *eminentis* (herausragend), von *eminere* zurück.

Und obwohl manch graue *Eminenz* etliches an Grauen erregen kann, ist sie doch meist *eminent* un*prominent*, weil ihr typisches Biotop doch eher der Hintergrund ist. *Prominent* ist dagegen jemand oder etwas, der/was nach vorn herausragt. So will es jedenfalls das Partizip Präsens Aktiv *prominens* (hervorragend) des Verbs *prominere* (hervorragen): aus der Präposition *pro* (für, hervor) und dem oben genannten **minere*. Aus dem Partizip wurde im 19. Jahrhundert *prominent* entlehnt – zunächst allerdings nur in der Bedeutung „vorspringend, hervorragend“. Die Bedeutung „weithin bekannt und/oder bedeutend“ kam erst im 20. Jahrhundert unter dem Einfluss des Englischen hinzu.

Emission → Mission

errare humanum est

„Der Mensch an sich ist schon ein Grund, traurig zu sein“, räsonierte der Athener Komödiendichter Menander (342 oder 341 bis

291 v. Chr.) in überlegener Resignation vor sich hin. Wenn er sich da nicht mal gehörig geirrt hat. Was ja so schlimm auch nicht wäre – der späte Trost Ciceros jedenfalls wäre ihm gewiss: „Cuiusvis hominis est errare“ (Es gehört zum Menschen, sich zu irren). Auf eine noch knappere Formel hat das der Kirchenvater Hieronymos (etwa 345 bis 420) gebracht: *Errare humanum est* (irren ist menschlich). Der Geschwindigkeit und/oder der Schickeria verfallene Kleingeister machen daraus gern: *Ferrari humanum est,* während zu Sarkasmus neigende Zeitgenossen ja „Ehe“ gern als Akrostichon dieses Spruches deuten: ***E****RRARE* ***H****UMANUM* ***E****ST.* Wie gemein ...

Esel

So ein paar Unpaarhufer auf der Weide, kleine graue, haben doch etwas sehr Anrührendes, so etwas Trottelig-Heimeliges. Dass *Esel* für Dummheit stehen, war allerdings nicht immer so. Bei den alten Römern, so bezeugen es einige Fabeln, war der *Esel (asinus)* durchaus Inbegriff überlegener gelassener Klugheit. Unsere Bezeichnung für den liebenswerten Unpaarhufer wurde im 9. Jahrhundert von der Verkleinerungsform *asellus* abgeleitet (vgl. althochdeutsch *esil*).

Essig

Ohne das Lateinische wär’s auch mit dem *Essig Essig.* Denn *Essig* wurde über mittelhochdeutsch *ezzich* und althochdeutsch *ezzih* im 9. Jahrhundert aus *acetum* (Weinessig) entlehnt. Das wiederum ist auf *acidus* (sauer) zu beziehen.

Estrich

Wie vieles aus dem Bauwesen haben die Germanen auch den *Estrich* den Römern abgeschaut und auch gleich das entsprechende Wort, althochdeutsch: *esterih, astrih,* aus mittellateinisch *astracum, astricum* (Pflaster). Das könnte aber seinerseits gut ein

Lehnwort aus griechisch *óstrakon* (Scherbe, harte Schale) sein. Wenn dem wirklich so sein sollte, dann gäbe es eine interessante Verbindung zum Wort *Auster.* Die Muschel ist nämlich nach ihrer harten Schale benannt. Die Bezeichnung ist zunächst aus niederländisch *oester* entlehnt. Das lässt sich aber wie altfranzösisch *oistre* (daraus französisch „huître") über romanisch *ostrea* und lateinisch *ostreum* (Auster) auf griechisch *óstreon* (Auster) zurückverfolgen. Und dies wiederum – da sind wir endlich – gehört zu griechisch *óstrakon.*

et cetera

„Und das Übrige" heißt das seit dem 16. Jahrhundert geläufige *et cetera,* mit der Konjunktion *et* (und) und dem Neutrum Plural *cetera* (die Übrigen, das Übrige). Die dazugehörende Abkürzung *etc.* wird heute fast bedeutungsgleich mit „usw." verwendet, während *et cetera* bzw. *etc.* früher gern verwendet wurde, um unbeliebte oder unanständige Dinge euphemistisch zu verkleiden: „Auf ein Et-cetera folgt eine Ohrfeige" (bei Karl Simrock: Die deutsche Sprachwissenschaft. Frankfurt 1846/59, S. 2217). Das „pp." in der Wendung „et cetera pp." meint: „Perge, perge!" (Fahre fort, fahre fort! = Und so weiter und so weiter!).

evakuieren → Vakuum

Evolution

„Die *Revolution* frisst ihre eigenen Kinder", so lässt schon Georg Büchner 1835 seinen Danton ahnungsvoll räsonieren. Aber mal unter uns: Die *Evolution* hat das doch schon immer getan. Entlehnt wurde *Evolution* im 18. Jahrhundert aus dem lateinischen *evolutio* (das Aufrollen [einer Buchrolle], das Lesen) und *evolutio* wiederum ist zu beziehen auf *evolvere* (herausrollen, -wickeln, entwickeln), aus *e[x]* (aus) und *volvere* (rollen, drehen). Als Gegenbegriff zu *Revolution* kommt es im Zuge der Verbreitung der dar-

winschen Entwicklungstheorie auf. Das lateinische Kompositum *revolvere* (zurückrollen), aus *re-* (zurück-, wieder-) und *volvere,* ist der Ausgangspunkt für das Substantiv *revolutio* (das Zurückrollen, Wegwälzen). Aus diesem wurde schon im 15. Jahrhundert unser Fremdwort *Revolution* entlehnt, allerdings in ganz anderer als der heute üblichen Bedeutung. Denn es wurde zunächst auf den sich ständig ändernden (aber immer wiederkehrenden) Umlauf der Sterne bezogen und später dann im übertragenen Sinne als „Veränderung" im Leben und in der Welt überhaupt begriffen. Im Italienischen hatte das entsprechende *rivoluzione* schon eine poltische Bedeutung gewonnen: „Aufruhr, Staatsstreich". Diese Bedeutung übernahmen das Englische und das Französische und aus diesen dann im 17. Jahrhundert auch das Deutsche.
Auch wenn ein *Revolver* (seit dem 19. Jh.) für eine *Revolution* bisweilen ungemein praktisch sein mag, ist doch das Erstere nicht direkt vom Letzteren abgeleitet, sondern verdankt sich dem englischen Verb *to revolve* (sich drehen), das aber letztlich schon auch wie die Revolution auf *revolvere* zurückgeht.
Mit *volvere* hat übrigens auch die Automarke *Volvo* zu tun (→ audio-). Es dreht sich also viel ums Drehen.

exakt

Exakt anzugeben, was das lateinische Verb *exigere,* aus *e[x]* (aus, heraus) und *agere* (treiben, handeln), bedeutet, ist gar nicht so leicht, denn das ist eine ganze Menge, unter anderem kann es heißen: „heraustreiben, eine Zeit vergehen lassen, zu Ende bringen, auftreiben, einkassieren, abmessen, abwägen". Die beiden letzten Bedeutungen sind es, die dem Adjektiv *exakt* zugrunde liegen. Es wurde im 17. Jahrhundert aus lateinisch *exactum* (herausgetrieben, [genau] zubemessen), dem Partizip Perfekt Passiv von *exigere,* entlehnt. Das Verb *exigere* in der Bedeutung „abmessen, abwägen" liegt auch dem Substantiv *examen* (der herausschwärmende [Bienenschwarm], der Schwarm, das Zünglein an der Waage, Prüfung, Abwägung) zugrunde, aus dem im 16. Jahrhundert unser *Examen* entlehnt wurde. Aus *examen* wiederum entstand im Lateinischen das Verb *examinare* (schwärmen, abwägen, prüfen). Das davon entlehnte deutsche Verb *examinieren* wird im Deutschen schon beträchtlich länger verwendet als das Substantiv *Examen,* nämlich bereits seit dem 14. Jahrhundert (→ agieren).

Examen → exakt

exekutieren

Irgendwie beschleicht einen ja bei dem Ausdruck *Exekution* ein wenig heimeliges Gefühl. Dabei wurde das seit dem 15. Jahrhundert bezeugte Fremdwort zunächst ganz allgemein in der Bedeutung „Ausführung [einer Anordnung]" verwendet. Die Bedeutung „Hinrichtung" taucht erst 100 Jahre später auf. Entlehnt ist das Wort aus *ex[s]ecutio* (Ausführung), das abgeleitet ist vom Verb *exsequi* (ausführen, an einem Leichenzug teilnehmen), aus *e[x]* (aus) und *sequi* (folgen).

Das Verb *exekutieren* und das Adjektiv *exekutiv* mit der Substantivierung *Exekutive* kamen im 18./19. Jahrhundert hinzu.

Und gar nicht erhebend ist es, wenn – wie im Song der Ersten Allgemeinen Verunsicherung – gar der *Exekutor* (österreichisch: Gerichtsvollzieher) auf der Matte steht:

„Gestern enterbt mich auch noch meine Mutter // und vor der Tür steht der *Exekutor.* // Mit einem Wort. Die Lage ist fatal. // Da hilft nur eins: ein Banküberfall."

Expression[ismus] → pressen

extrahieren → abstrakt

Exzess

Manche Menschen können ja nicht so recht aus sich herausgehen. Andere wiederum übertreiben es vielleicht schon mal mit dem Aus-sich-Herausgehen, dann wird's schnell *exzessiv*. *Exzess* (seit dem 16. Jh.) und *exzessiv* stammen vom Substantiv *excessus* (das Herausgehen, Abweichung, Ausschweifung), das zum Verb *excedere* gehört, aus *ex* (aus) und *cedere* (gehen, weichen), was also auch nichts anderes heißt als „herausgehen".

Konzedieren (zugestehen) wird man wohl, dass *Konzession*entscheidungen (etwa des Schiedsrichters beim Fußball) oft zweifelhaft sind. Unzweifelhaft ist allerdings, dass auch hier das Grundwort *cedere* (weichen) beteiligt ist, in diesem Falle aber um das verstärkende *con-* ergänzt: *concedere* (beiseitetreten). Auf dieses Verb geht das Substantiv *concessio* (das Beiseitetreten, das Zugeständnis) zurück, wovon im 16. Jahrhundert die *Konzession* entlehnt wurde.

Wenn nur aus solchen *Konzession*entscheidungen keine *Präzedenz*fälle werden! Die *Präzedenz*, der Vorrang, der Vortritt, ist von der lateinischen *praecedentia* (das Vorangehen) entlehnt, einem Substantiv, das auf das Partizip Präsens Aktiv *praecedens* (vorangehend), Genitiv: *praecedentis*, von *praecedere* (vorangehen), aus *cedere* und der Präposition *prae* (vor), zurückzuführen ist.

Kommen wir in unserer *Prozession* im Wortfeld von *cedere* zur nächsten Station, nämlich der mit der Vorsilbe *pro-* (für, vor, voran), mithin zu *procedere* (vorausgehen, vorankommen), womit wir nicht nur bei der *Prozession* (schon vor dem 13. Jh. geläufig), sondern auch beim *Prozess* (immerhin auch schon vor dem 14. Jh. üblich) angelangt wären und ganz unmittelbar beim *Prozedere*, bei der Verfahrensordnung/-weise also (über das Französische ist dann übrigens auch noch die *Prozedur* zu uns gelangt).

Bisweilen allerdings geht es gar nicht mehr voran, vor allem wirtschaftlich, bisweilen geht es gar zurück: Dann stecken wir mittendrin in einer *Rezession*. Die ist – wen wundert's – aus Amerika

zu uns gekommen, und zwar in der zweiten Hälfte des 20. Jahrhunderts über das amerikanische *recession*. Zurück geht sie aber letztlich auf das lateinische *recessio* (das Zurückweichen) und das wiederum ist auf das Verb *recedere* (zurückgehen, -weichen) zu beziehen, aus *cedere* und der Vorsilbe *re-* (wieder, zurück).
Lieber nur am Rande erwähnen wollen wir den eher unappetitlichen *Abszess*, von lateinisch *abscessus* (Weggang, Eitergeschwür), das zu *abscedere* (weggehen) gehört, mit *a[b]* (von, von ... weg).

Fabel

„Et es wie et es." – „Et kütt wie et kütt." – Et hät noch immer joot jejange." – „Wat fott es, es fott." – „Wat wells de maache?" Einige der doch eher ziellos *herumfabulierenden* kölschen Mantras offenbaren doch ein gehöriges Maß an *Fatalismus*. Vielleicht die Folge einer wechselvollen Geschichte mit wechselnden Herrschern? Angefangen hatte es ja mit den Römern und denen verdankt man ja zumindest das Wort *Fatalismus*, und zwar über das Adjektiv *fatal*, das im 16. Jahrhundert aus lateinisch *fatalis* (vom Schicksal bestimmt, verhängnisvoll) entlehnt wurde. Abgeleitet ist das Adjektiv von *fatum* (Götterspruch, Lebenslos), das wiederum auf das Verb *fari* (sprechen, sagen, weissagen) zu beziehen ist. Dieses Verb liegt letztlich einer ganzen Reihe von Lehn- und Fremdwörtern zugrunde, zum Beispiel auch *fabulieren* und *Fabel*: *Fabel* wurde im 13. Jahrhundert, vermittelt über altfranzösisch *fable*, aus lateinisch *fabula* (Gerede, Unterhaltung, Erzählung, Sage) in ebendieser Bedeutung entlehnt. Erst im 18. Jahrhundert gewann es die Bedeutung „lehrhafte Erzählung". Aus dem von *fabula* abgeleiteten Verb *fabulari* (plaudern, schwätzen) wurde im 15./16. Jahrhundert dann noch *fabulieren* entlehnt.
Ebenfalls zu *fari* gehört die *Fama* von lateinisch *fama* (Gerücht, Ruf) – und damit auch *famos* und *infam*: Das Adjektiv *famos* wurde im 17. Jahrhundert in der Gerichtssprache aus lateinisch *famosus* (viel beredet) übernommen und zunächst in der Bedeu-

tung „berüchtigt“ verwendet. Die Bedeutung „großartig, prächtig“ etablierte sich nach dem Vorbild von französisch *fameux* (berühmt) erst in der Studentensprache des 19. Jahrhunderts. Das Adjektiv *infam* (seit dem 17. Jh.) war ebenfalls zunächst ein Terminus der Gerichtssprache und wurde aus lateinisch *infamis* (berüchtigt, verrufen) entlehnt.

In diese Gruppe gehört auch das erst im 20. Jahrhundert auf lateinisch *infans* (kleines Kind) zu beziehende Adjektiv *infantil.* Zusammengesetzt ist *infans* aus *in-* (un-, nicht-) und *fans* (redend), dem Partizip Präsens Aktiv von *fari,* es geht also um „das noch nicht reden Könnende“. Auf *infans* geht auch die aus italienisch *infanteria* abgeleitete *Infanterie* zurück. Was die *Infanterie* mit kleinen Kindern zu tun haben soll, erschließt sich allerdings nicht unmittelbar.

Und selbst unser Lehnwort *Fee* lässt sich bis auf *fari* zurückverfolgen: Es wurde im 18. Jahrhundert aus französisch *fée* (Fee, Zauberin) entlehnt, das wiederum aus vulgärlateinisch *Fata* (die Schicksalgöttin), die zu lateinisch *fatum* gehört. Und von da aus sind wir ja den Weg zu *fari* schon einige Male entlanggeschlendert. Übrigens war um 1200 herum schon einmal *fei[e]* (Fee) aus dem Altfranzösischen entlehnt worden, es ging aber zwischendurch wieder verloren. Erhalten hat sich das davon abgeleitete Verb *feien,* vor allem aber dessen zweites Partizip *gefeit.*

(Übrigens: Obwohl beim „Larifari“ ebenfalls *fari* drinzustecken scheint und dabei ja auch ganz schön viel sinnloses Zeug geredet wird, hat das ausnahmsweise gar nichts mit lateinisch *fari* zu tun. Vielmehr ist das Wort Anfang des 18. Jahrhunderts aus den italienischen Tonbezeichnungen „la, re, fa, re“ gebildet worden.)

Fackel

Was wären Sankt Martin, murmelnd prozedierende mittelalterliche Mönche, Pfadfinder oder auch der Ku-Klux-Klan ohne *Fackel*züge? Und was *Fackel*züge ohne *Fackeln?* Da springt doch das

Lateinische gern ein, *fackelt* nicht lange und stellt – sprachlich zumindest – die dringend benötigten *Fackeln* bereit. Über mittelhochdeutsch *vackel* und althochdeutsch *faccala* ist Fackel früh aus dem vulgärlateinischen *facla* entlehnt worden. Dies geht auf lateinisch *facula* (brennender Span, Fackel) zurück, eine Verkleinerungsform von *fax* (Fackel).
Auch *fackeln* im Sinne von „nicht zielorientiert handeln" kann unter Umständen auf *Fackel* bezogen werden. Eine Verbbildung *vackelen* im Sinne von „unruhig flackern" ist für das Spätmittelhochdeutsche (14. Jh.) belegt. Daraus könnte sich dann auch die übertragene Bedeutung entwickelt haben. Allerdings sind auch andere Herkunftsmöglichkeiten im Gespräch, etwa eine, die mit „ficken" („facken", „fucken" = hin- und herbewegen) zu tun hat.

Fama → Fabel

Familie

Die Familie gibt es im deutschen Sprachraum im Grunde erst seit dem 16. Jahrhundert. Da nämlich wurde das Wort aus lateinisch *familia* (Gesinde) abgeleitet. Im Lateinischen hatte es allerdings eine viel weitere Bedeutung als bei uns, denn dort war mit *familia* die gesamte Gemeinschaft eines Hauses gemeint, also alle Verwandten, Diener und Sklaven, die unter der Herrschaft des *pater familias* standen. Grammatisch ist *familia* eine Kollektivbildung zu lateinisch *famulus* (Diener, Gehilfe). Das Fremdwort *Famulus* ist ebenfalls seit dem 16. Jahrhundert geläufig, wurde aber zunächst nur in der allgemeineren Bedeutung „Gehilfe eines Wissenschaftlers/Forschers" verwendet. Erst im Laufe der Zeit kam dann die speziellere Bedeutung „Medizinstudent in seinem ersten praktischen Studienabschnitt" hinzu.

famos → Fabel

Famulus → Familie

Fan, fanatisch → Ferien

fatal → Fabel

Fatzke

Ihrem Wesen nach sind *Fatzkes,* grundlos eingebildete eitle Männer, ja wahrscheinlich so lange in Umlauf, wie es Menschen gibt. Das Wort selbst ist vergleichsweise jung: Seit etwa 1900 hat sich der *Fatzke* von Berlin aus ins restliche deutsche Sprachgebiet aufgemacht. Dabei ist *-ke* deutsch, genauer gesagt das niederdeutsche Verkleinerungssuffix (wie in „Piefke" etwa), während *Fatz-* mit einiger Wahrscheinlichkeit auf das veraltete Verb *fatzen* (verspotten, necken) zurückgeht, das wiederum von einem noch älteren Substantiv *Fatz* (Spott, Witz) abgeleitet ist. Und das Lateinische? Gemach, das kommt jetzt: *Fatz* ist aus lateinisch *facetia* (das Drollige, der Witz, Scherz, Laune) abgeleitet. (Puuh, gerade noch mal geschafft.) Das Substantiv *facetia* ist abgeleitet vom Adjektiv *facetus* (anmutig, elegant, wohlgestaltet, launig, witzig), das vielleicht auf *fax* (Fackel) zu beziehen ist.

Fee → Fabel

Feier → Ferien

Fenster

Das aus lateinisch *fenestra* (Scharte, Luke, Fenster) entlehnte Wort *Fenster* hat schon sehr früh die entsprechenden germanischen Ausdrücke ersetzt. Vielleicht erklärt sich das neutrale Genus im Deutschen statt des weiblichen im Lateinischen durch eine Übernahme des Genus vom ursprünglichen germanischen „ougatora" (Öffnung in Form eines Auges). Wahrscheinlich geht *fenestra* über das Lateinische hinaus noch weiter auf eine andere Sprache zurück: Ein heißer Kandidat wäre das Etruskische.

Ferien

Im 16. Jahrhundert tauchte in der Gerichtssprache erstmals der Begriff *Ferien* auf. Gemeint waren damit die Tage, an denen keine Verhandlungen stattfanden. Erst über die spätere Verwendung des Wortes in der Schule erweiterte sich die Bedeutung. Entlehnt wurden die *Ferien* aus lateinisch *feriae* (Festtage, geschäftsfreie Tage).

Aus lateinisch *feriae* bildete das Spätlateinische den Singular *feria* (Festtag, Feiertag), aus dem das althochdeutsche *fir[r]a* entlehnt wurde. Daraus entwickelte sich schließlich unser Wort *Feier*. Das lateinische *feriae* geht zusammen mit *festus* (festlich, feierlich) und *fanum* (heilige, religiöse Stätte) auf einen gemeinsamen Stamm zurück, der so etwas wie „religiöse Handlung" bedeutet. Vom lateinischen Adjektiv *festus* wurde im 13. Jahrhundert unser Substantiv *Fest* entlehnt.

Und auch *fanum* hat zu unserem Wortschatz beigetragen: Es steckt in *profan* genauso wie in *Fan, fanatisch*. Das Adjektiv *profan* wurde im 17. Jahrhundert aus lateinisch *profanus* (unheilig, gemein, eigentlich: vor dem heiligen Bezirk liegend) gebildet. Während der *Fan* im 20. Jahrhundert über den Umweg des Englischen ins Deutsche fand, ist *fanatisch* im 16. Jahrhundert direkt aus lateinisch *fanaticus* (von einer Gottheit in Verzückung/Raserei versetzt) entlehnt worden. Bis ins 19. Jahrhundert wurde es allerdings ausschließlich in der Bedeutung „religiös eifernd, religiös schwärmerisch" verwendet, bis ihm unter dem Einfluss von französisch *fanatique* die heute übliche allgemeinere Bedeutung zugewachsen ist.

FIAT → audio-

flagrant → in flagranti

Flaum

Der weiche *Flaum* wurde im 10. Jahrhundert über mittelhochdeutsch *pflume* und althochdeutsch *pfluma* aus lateinisch *pluma* (Flaumfeder) entlehnt. Übrigens: *Flausch* und *Flausen* (auch die im Kopf) sind originär niederdeutsch, haben aber durchaus die gleichen indoeuropäischen Wurzeln wie *pluma,* also auch Flaum.

Flegel

Einem dreisten *Flegel* wird ja schon mal gern Dresche angeboten. Das kann im Grunde nicht verwundern, gehören doch *Flegel* und Dresche nahezu untrennbar zusammen, etwa im Wort *Dreschflegel.* Im Kirchenlatein hieß Dreschflegel *flagellum.* Das geht auf das lateinische *flagellum* (Geißel, Peitsche) zurück, eine Verkleinerungsform von *flagrum.* Aus dem Kirchenlatein entlehnt wurde das Wort im 10. Jahrhundert zunächst in der Bedeutung Dreschflegel. Dass vom Gerät auf den Menschen, der es schwingt, übertragen wird, ist seit dem 16. Jahrhundert belegt. Die pejorative Bedeutung „derber, ungehobelter Mensch“ entwickelte sich noch später.

Föhn

Föhn ist ein altes Schweizer Wort und verbreitet sich seit dem 16. Jahrhundert im anliegenden deutschen Sprachraum. Es ist eine Entlehnung, die über vulgärlateinisch *faonius* auf lateinisch *favonius* (lauer Westwind, Zephyr) zurückzuverfolgen ist, was wiederum zum Verb *fovere* (wärmen, warm halten, begünstigen) gehört.

Fokus

Ein Schuss in den Ofen landet zwangsläufig im *Fokus.* Denn lateinisch *focus* heißt nichts anderes als „Feuerstelle, Herd, Ofen“.

Daraus hat sich in der Optik die Bedeutung „Brennpunkt" (einer Linse) entwickelt und in der Medizin ist *Fokus* der „Krankheitsherd". Das etwas im *Fokus* des Interesses stehen kann, verdanken wir schließlich dem Englischen, aus dem wir uns diese Übertragung ausgeliehen haben.

Folter

Dass jemand auf die *Folter* gespannt wird, ist ja leider auch heute noch im ganz wörtlichen Sinn weit verbreitet. Das „Spannen" erklärt sich daraus, dass mit *Folter* zunächst das *Foltergerät* gemeint war: Etwa um 1400 tritt es erstmals als *foltrit* auf, gleichzeitig das Verb *foltern*. Ganz sicher geklärt ist die Herkunft des Wortes nicht. Da aber die *Folter* legale Verhörmethode des römischen, allerdings nicht des germanischen Rechts war, ist es doch durchaus wahrscheinlich, dass *Folter* auf mittellateinisch *poledrus* (Fohlen) zurückgeht, das dann ein der Form nach einem kleinen Pferd ähnelndes *Foltergerät* bezeichnete. Das mittellateinische *poledrus* gehört zu lateinisch *pullus* (jung, Junges), das zur Wortgruppe um *paucus* (wenig) und *paul[l]us* (klein, dazu gehört etwa auch der Personenname *Paulus*) zu zählen ist.

fossil

Die Zeiten, als jemand, der sich für Latein begeistert, als ein *Fossil* aus längst untergegangenen Zeiten betrachtet wurde, müssen angesichts der neuen Begeisterung für Latein vielleicht selbst schon als *fossil* gelten. Solch einem metaphorischen Gebrauch des Fremdwortes *fossil/Fossil* wie im Satz zuvor ging natürlich erst einmal ein anderer voraus. Als das Wort im 16. Jahrhundert aus lateinisch *fossilis* (ausgegraben) entlehnt wurde, hatte es zunächst nur die Bedeutung „ausgegraben / ausgegrabenes Mineral". Im Sinne von „Versteinerung, Überrest von Tieren oder Pflanzen aus früheren Epochen der Erdgeschichte" wird es erst viel später verwendet. Heute wird *fossil* häufig im Zusammenhang mit Energieträgern verwendet. Das Adjektiv *fossilis* gehört über das Partizip Perfekt Passiv *fossum* ([aus]ge-graben) zum Verb *fodere* ([aus]graben).

Fundament, fundamental, Fundamentalismus

→ fundieren

fundieren

Nicht nur für ein Gelage braucht man eine solide Grundlage, auch für ein Haus: ein *Fundament*. Das Fremdwort *Fundament* ist bereits im Althochdeutschen geläufig und geht auf lateinisch *fundamentum* (Grund, Grundlage) zurück. Das Substantiv gehört zum Verb *fundare* (mit einem Boden versehen), das aber seinerseits wiederum auf ein Substantiv zu beziehen ist, nämlich auf *fundus* (Boden, Grund, Landgut).

Aus *fundare* hat man dann später, in mittelhochdeutscher Zeit, das Verb *fundieren* entlehnt. Seither ist alles Mögliche *fundiert* (oder wird immerhin so bezeichnet).

Wer Grundlagen nicht im Materialen sucht, sondern im Geistigen, im Religiösen oder Politischen etwa, und sich auch noch kompromisslos auf diese Grundlage versteift, verharrt im *Fundamentalismus* (schafft es also vom *Fundament* nicht einmal ins Erdgeschoss). Diese Substantivierung von *fundamental* (Ausgang des 17. Jh., aus spätlateinisch *fundamentalis*) ist erst in jüngerer Zeit über das Englische ins Deutsche gelangt. Geburtsland des *fundamentalism* sind die USA. Dort wurde damit eine protestantische theologische Richtung bezeichnet, welche die Heilige Schrift buchstäblich auslegte und daher auch den Erkenntnissen der modernen Naturwissenschaft extrem skeptisch gegenübertrat.

Der Begriff wurde dann auf ähnliche religiöse, politische und sonstige geistige Haltungen übertragen. Bei den Grünen kamen die *Fundamentalisten* recht niedlich als *Fundis* daher (als es solche noch gab). *Fundamentalismus* hat es immerhin in die 1998 von einer Jury des Fernsehsenders 3sat gekürten Liste der 100 Wörter des 20. Jahrhunderts geschafft.

fungieren

„Wo sind die Verantwortlichen, wo die Funktionäre?": Diese verzweifelnd-resignierende Frage einst vor realsozialistischer Verwaltung Kapitulierender hat zuletzt im wutbürgerlichen Ambiente (überraschend?) ganz neu an Aktualität gewonnen. Die Frage, wer als Funktionär fungiert, wie und warum überhaupt, interessiert zwar vorderhand die wenigsten, deren Beantwortung bestimmt aber gleichwohl unser aller tägliches Leben. Zurück gehen *fungieren, Funktion, Funktionär, funktional, funktionell* und *funktionieren* allesamt letztlich auf das lateinische Verb *fungi* ([mit etwas] fertig werden, vollziehen, verrichten) – *fungieren* ziemlich direkt, die anderen über das Substantiv *functio* (Verrichtung, Obliegenheit). Das Verb *fungieren* (seine Aufgabe/Funktion ausüben) wurde im 17. Jahrhundert entlehnt, ebenso das Substantiv *Funktion* (dazu später das Adjektiv *funktional*), während *Funktionär, funktionell* und *funktionieren* einen kleinen Umweg über das Französische gemacht haben und im 20. Jahrhundert bei uns anlangten.

fungizid, Fungizid → -zid

gefeit → Fabel

Genozid → -zid

global

1492 hat nicht nur Christoph Kolumbus Amerika entdeckt, im Versuch, zu beweisen, dass die Erde eine Kugel ist, nein, praktischerweise stellte im gleichen Jahr Martin Behaim in Nürnberg den ersten *Globus* her. Wiederum sehr praktisch, dass man im 15. Jahrhundert schon mal das Wort *Globus* aus lateinisch *globus* (Kugel, Ball, Klumpen) entlehnt hatte.

Halluzination

Wenn man von einem Polizeiwagen überholt und aus dem Verkehr herausgewinkt wird, wünscht man sich schon, dass man gerade Opfer einer *Halluzination* geworden ist ... Zunächst nur für die medizinische Fachsprache entlehnt, wurde die *Halluzination* vom lateinischen Substantiv *alucinatio/halucinatio* (das Unsinnreden, Träumerei), das auf das Verb *alucinari/halucinari* (gedankenlos reden/handeln, faseln, träumen) zu beziehen ist. Unsicher ist, ob das Verb auf griechische Ursprünge zurückgeht.

herrjemine

Herrjemine, das soll jetzt auch noch lateinisch sein? Ja durchaus und auch *ojemine*. Allerdings ist in beiden Ausdrücken das Lateinische schon reichlich entstellt, und zwar aus: *Jesu domine!* (Herr Jesus), wobei natürlich nur *domine* als Vokativ (Anredefall) wirklich lateinisch ist. Wahrscheinlich soll hier aus religiöser Scheu vermieden werden, den vollen Namen Jesu auszusprechen (das gilt übrigens auch für die ohne Lateinisches auskommenden Ausdrücke „herrje“ und „oje“).

hic Rhodus, hic salta!

Ein *hic Rhodus, hic salta!* (Hier ist Rhodos, hier spring!) wirft der lateinisch gebildete Argwohn gern dem unglaubwürdigen Prahler hin. Zurück geht der Spruch auf eine Fabel des griechischen Dichters Äsop (6. Jh. v. Chr.). Darin gibt einer mächtig damit an, was für ein toller Satz ihm auf Rhodos gelungen sei. Mit dem Spruch will man ihn zum – natürlich nicht für möglich gehaltenen – Nachweis seiner Fähigkeiten an Ort und Stelle bewegen (bzw. die zu erwartende Weigerung als Beweis für Prahlerei deuten dürfen).

homo homini lupus

Wie man so von Verhaltensforschern vernimmt, sollen Wölfe ja ein wohlgeordnetes Sozialsystem haben, und so könnten die Wölfe, wenn sie das interessierte, durchaus beleidigt sein über die Unterstellung, die im Ausspruch *homo homini lupus est* (Der Mensch ist dem Menschen ein Wolf) steckt. Der Spruch taucht schon bei Plautus (um 250 bis 184 v. Chr.) in seiner Komödie „Asinaria" (Eselsstück) auf. Mit ihm begründet ein Händler seinen Unwillen, einem Unbekannten so ohne Weiteres eine Menge Geld zu überlassen: *Lupus est homo homini, non homo, quom qualis sit non novit* (Ein Wolf ist der Mensch dem Menschen, kein Mensch, wenn er nicht weiß, wie dieser veranlagt ist).
Der englische Philosoph Thomas Hobbes (1588–1679) hat den ersten Teil in seine Staatsphilosophie „Leviathan oder Der kirchliche und bürgerliche Staat" übernommen als Charakterisierung der menschlichen Natur eines jeden Einzelnen.

Horror Vacui → Vakuum

imitieren

Original oder Fälschung? Eigentlich seltsam: Oft freuen wir uns nicht am Original, sondern noch mehr an dessen *Imitation* – solange es keine billige ist zumindest. Vielleicht ist es ja sogar anthropologisch grundlegend, von etwas ein Bild (lateinisch *imago*) entwerfen zu können. Und mit *imago* (Abbild, Bild) ist auch das Verb *imitari* (seltener auch *imitare,* nachahmen) verwandt, von dem im 16. Jahrhundert *imitieren* entlehnt wurde. Dazu gehören natürlich auch der *Imitator* und die *Imitation,* von den gleichbedeutenden lateinischen Pendants *imitator* (weiblich *imitatrix*) und *imitatio* abgeleitet. Schon bei den Römern konnte beides neutral oder positiv gemeint sein, wie etwa beim Vogel*imitator (imitator avium),* aber auch abwertend im Sinne des Nachäffers/Nachäffens.

immigrieren → emigrieren

Immission → Mission

impfen

Die Römer hatten viele neue Verfahren und die entsprechenden Geräte des Obst- und Gartenbaus nach Germanien gebracht. Das hat sich im Vokabular dieses Bereiches niedergeschlagen. So wurden mit der Technik des Pfropfens etwa auch die Verben „pfropfen" (→ Pfahl) und *impfen,* althochdeutsch: *impfon,* als Fachtermini aus dem Lateinischen entlehnt. Dabei war mit *impfen* im gartenbautechnischen Sinne gemeint „ein Pfropfreis einsetzen". Zurück geht das Verb auf vulgärlateinisch *imputare* (einsetzen, veredeln), das selbst wahrscheinlich aus griechisch „em-phyteúein" (einpflanzen, propfen) ins Lateinische entlehnt worden war.

In der heutigen, medizinischen Bedeutung tauchte *impfen* erst im 18. Jahrhundert in der medizinischen Fachsprache auf, und es verbreitete sich von da aus schließlich ins Allgemeinsprachliche.

Impression[ismus] → pressen

Impuls → Puls

in dubio pro reo

Auch wenn die Toskana-Fraktion den Armani-Gürtel enger schnallt, berührt das beileibe nicht das bewährte Lebensprinzip: „In dubio Prosecco!" *In dubio pro reo* (im Zweifel für den Angeklagten) dagegen ist ein rechtstaatliches Prinzip, das wohl in dieser Form dem Mailänder Kriminologen Egidio Bossi (1487–1546) zuzuschreiben ist. Allerdings konnte sich schon um 200 n. Chr. der Jurist Ulpian auf Kaiser Trajan berufen: „Denn es ist besser, die Tat eines Schuldigen ungestraft zu lassen, als einen Unschuldigen zu verurteilen." Im Leitsatz *in dubio pro reo* finden sich das Adjektiv *dubium* (zwischen zwei Positionen schwankend, ungewiss, im Zweifel stehend) substantiviert, das wiederum auf das Zahlwort *duo* (zwei) zu beziehen ist, dann die Präposition *pro* (für) und schließlich das Substantiv *reus* (Angeklagter). Letzteres bezieht sich übrigens auf *res* (Ding, Sache, Angelegenheit), das hier als „Rechtsangelegenheit" zu verstehen ist.

in flagranti

Wenn der Liebhaber der Ehefrau vom zornesroten Gatten aus einem witzblattgemäß häufig frequentierten, aber doch eher ungeliebten Biotop, dem Kleiderschrank, gezogen wird, ist doch eher zweifelhaft, ob unser Galan dann wirklich *in flagranti* (auf frischer Tat) erwischt worden ist. Denn: Womit er sich im Schrank auch immer die Zeit vertrieben haben mag, die gemeinte „Tat" war es ja – mangels Gespielin – sicher nicht. Schon im 6. Jahrhundert findet sich im byzantinischen Codex Justinianus, einem Teil des Corpus Juris Civilis: „*in* ipsa rapina et adhuc *flagrante crimine* comprehensi" (die direkt beim Raub und auf frischer Tat Ertappten), und auf solche Rechtstexte geht *in flagranti* wohl zurück. Dem Ausdruck *in flagrante crimine* (wörtlich: im [noch] brennenden Verbrechen) liegt das Substantiv *crimen* (Anklage, Verbrechen) und das Partizip Präsens Aktiv *flagrans* (brennend) zugrunde, Letzteres wiederum ist abgeleitet vom Verb *flagare* (flackern, brennen).

Dazu ist kein *flagranter* Widerspruch, dass das Adjektiv *flagrant* (offenkundig, schreiend) seinen Eingang ins Deutsche im 19. Jahrhundert vom Französischen her gefunden hat. Gleichwohl kennt man auch in Frankreich die frische Tat obiger Art: *en flagrant délit.*

in gustibus non est disputandum

Ob man über Geschmack streiten kann oder nicht, darüber lässt sich trefflich streiten. Der lateinische Spruch *de gustibus non est disputandum* (über Geschmack lässt sich nicht streiten, wörtlich: über Geschmäcker ist es ein nicht zu Streitendes) lässt sich wiederum nicht auf seine Ursprünge zurückführen: Die sind schlicht unbekannt.

in magnis et voluisse sat est

Das menschlich Verbindliche war ja tendenziell der Römer Sache nicht. In ihren Sprüchen ging es ja oft recht martialisch, zumindest auch sehr an Pflicht und der Härte des Lebens allgemein orientiert zu. Da hat dann *in magnis et voluisse sat est* (in großen Dingen ist es genug, gewollt zu haben) schon fast etwas rührend Menschliches: Hätte ja auch klappen können. Zuerst hingeschrieben hat es, soviel man weiß, Properz, eigentlich: Sextus Propertius (um 50 v. Chr. – 16 v. Chr.).

in vino veritas

In dem Maße, wie man ihn ließ, war ja der gute Horaz den Freuden des Lebens durchaus zugeneigt, und zu diesen Freuden zählte er selbst auch den Wein. Für die rechte dichterische Inspiration hielt er ihn gar für unverzichtbar, an die schmeckt man halt mit Wasser allein nicht hin: „Nulla placere diu nec vivere carmina possunt // quae scribuntur aquae potoribus." (Gedichte, die von Wassertrinkern geschrieben werden, können weder lange gefallen noch am Leben bleiben.)
Das lateinische Sprichwort *in vino veritas* (im Wein ist Wahrheit) geht allerdings auf den griechischen Dichter Alkaios (um 620 bis um 580 v. Chr.) zurück. Im Barock fand man es gelegentlich wit-

zig, das zweite „v" durch „f" zu ersetzen: „In vino feritas" (Im Wein ist Wildheit/Leidenschaft). Man kann sich den Spruch auch noch anders verscherzen: „in cinno cerrita" (im Cinnus [Mischgetränk aus Speltgraupen, Ziegenkäse und Wein] ist Irrsinniges).

in vitro

Wer zu tief ins Glas schaut, schaut zwar nicht *in vitro* (im Glas), sondern *in vitrum* (ins Glas), aber doch immerhin *in vivo* (im Leben, am Lebenden). Wer am lebenden Objekt etwas beobachtet oder dort wissenschaftliche Versuche durchführt, arbeitet *in vivo*. Der Fachterminus geht zurück auf das lateinische Adjektiv *vivus* (lebendig, lebend, lebhaft), das wiederum auf das Verb *vivere* (leben, am Leben bleiben) zu beziehen ist, vgl. etwa auch *modus vivendi* (Art, miteinander einigermaßen auszukommen). Wer dagegen etwas erst einmal im Labor in normierterer Umgebung, etwa in der Petrischale oder im (Reagenz-)Glas, beobachtet bzw. untersucht, arbeitet *in vitro*. Dieser Fachterminus geht auf das lateinische Substantiv *vitrum* (Waid [Pflanze: Isatis], Glas) zurück, dem wir zum Beispiel (über das Französische) auch unsere *Vitrine* verdanken.

in vivo → in vitro

Index

Der juristische Fachterminus Indiz wurde im 19. Jahrhundert frisch geschöpft, und zwar aus lateinisch *indicium* (Angabe, Aussage, Anzeichen, Beweis), das zu *indicare* (anzeigen, verraten, offenbaren) gehört, aus *in* (in) und *dicare* (feierlich verkünden). Darauf zurück geht auch das seit dem 16. Jahrhundert belegte Fremdwort *Index* aus lateinisch *index* (Anzeiger, Verzeichnis).

Individuum

Dem *Individuum* soll nun unser ungeteiltes Interesse gelten. Entlehnt wurde das Wort im 16. Jahrhundert aus mittellateinisch *individuum* (das Unteilbare). Das hatte man sich als Lehnübersetzung für griechisch „átomos" (das Unteilbare, zu „témnein" – schneiden) zusammengeschraubt. Zurück geht es auf lateinisch *individuus* (ungeteilt, unzertrennlich, unteilbar). Wenn auch die Sache unteilbar sein soll, so ist doch das Wort durchaus teilbar, nämlich in *in-* (un-) und *dividuus* (geteilt, teilbar). Letzteres gehört zu *dividere* (zerlegen, spalten, teilen), aus *dis-* (auseinander-) und der Wurzel **vidh,* die allein nicht als Verb vorkommt, allerdings in *viduus* (gattenlos, liebhaber[in]-los) sichtbar ist.

Im 18. Jahrhundert verdrängte das aus französisch *individuel* entlehnte *individuell* das ältere *individual,* das heute nur noch in Zusammensetzungen vorkommt: *Individualtourismus, Individualpsychologie* usw. Im gleichen Jahrhundert wurde auch noch der *Individualismus* aus dem Französischen entlehnt. *Individualist* und *individualistisch* wurden dann im 20. Jahrhundert noch dazugestellt.

Indiz → Index

infam, Infanterie, infantil → Fabel

inklusive → exklusive

inkriminieren → Krimi

Insektizid → -zid

Inserat

„Da stand ein *Inserat* in einer Zeitung: // Es sucht von einem Nachtlokal die Leitung // ein junges Mädchen, brav, mit nettem Wesen, // das nackert tanzt vor Negern und Chinesen. // Den Posten hätt' sofort ich angenommen, // aber der Novak lässt mich nicht verkommen." (Cissy Kraner & Hugo Wiener)
Ja, was sich die arme Cissy Kraner nicht alles vorstellt, wie sie so richtig schön verkommen könnte. Sogar die *Inserate* in Zeitungen beflügeln ihre Fantasie. Vielleicht hätte sie lieber selbst *inserieren,* selbst etwas „einfügen" sollen, wie das zugrunde liegende Verb *inserere* (einfügen), aus *in* (in, hinein) und *serere* (reihen, fügen), zu übersetzen wäre? Das Verb ist seit dem 16. Jahrhundert in der Verwaltungssprache heimisch im Sinne von „in Dokumenten einen ergänzenden Abschnitt einfügen". Seit dem 17. Jahrhundert ist das entsprechende Substantiv *Inserat* nachzuweisen. Es ist interessanterweise direkt von einer Verbform abgeleitet, und zwar vom Konjunktiv der dritten Person Präsens *inserat* (er/sie/es füge ein) oder auch von der entsprechenden Passivform *inseratur* (es möge eingefügt werden). Erst im 18. Jahrhundert taucht es auch in der Zeitungssprache auf.

Installation

Das Schöne bzw. ein Schönes an manchen *Installationen* moderner Künstler ist ja, dass man sich sofort hineinsetzen möchte, um damit zu spielen. (Wer sich dann aber doch nicht traut, erspart sich viel Ärger.) In dieser Bedeutung ist *Installation* recht neu. Dabei ist das Verb *installieren* schon im 16. Jahrhundert vom mittellateinischen *installare* (in ein Amt einsetzen) abgeleitet und auch in ebendieser Bedeutung verwendet worden. Darin enthalten ist *stallus* ([Chor-]Stuhl). Die Übertragung auf den technischen Bereich ist eine Entwicklung des 20. Jahrhunderts, wie auch der *Installateur* eine französische Neubildung des 20. Jahrhunderts ist.

Instinkt

„Verdamp lang her", dass Wolfgang Niedecken von BAP klagte: „Ne Kopp voll nix, nur die paar *instinktive* Tricks // et duhrt lang, besste dich durchblicks." Und in der Tat ist es ja durchaus hilfreich, wenn man sich auf seine *Instinkte* verlassen kann, wenn schon der Kopf vor lauter Nichts zu platzen droht. Verlassen können uns die *Instinkte* ... Pardon: Verlassen können wir uns auf die *Instinkte* schon seit dem 18. Jahrhundert, da nämlich wurden sie aus dem mittellateinischen *instinctus naturae* (Anstachelung durch die Natur) entlehnt. Zugrunde liegt das lateinische Verb *instinguere* (anstacheln) aus *in* (in, ein, hinein) und *stinguere* (stechen).

Dagegen wurde das entsprechende Adjektiv *instinktiv* im 19. Jahrhundert aus dem französischen *instinctif* abgeleitet – ob *instinktiv* oder bewusst, das sei dahingestellt.

instruieren, Instrument → destruktiv

integer

Manche Menschen *tangiert* es ja allenfalls peripher, wenn ausschließlich die Kapitalverwertung den *Takt* des modernen Lebens bestimmt. Sehr wahrscheinlich *tangiert* es diese Art Menschen auch nicht, dass *tangieren* seinen Ursprung im lateinischen Verb *tangere* (berühren) hat. Vergleichsweise bekannt ist die lateinische Form der Unterlassungsanweisung aus dem Johannesevangelium: „Noli me *tangere*" (Rühr mich nicht an!), die Jesus an die am leeren Grab weinende Maria Magdalena gerichtet hat. Vor allem in der Malerei der Zeit vom 14. bis 17. Jahrhundert bezeichnet ein *Nolimetangere* die Darstellung des auferstandenen Jesus mit Maria Magdalena vor dem leeren Grab. Und was, wenn Maria Magdalena nun partout nicht gehorcht hätte? Wäre ihr dann der Auferstandene ins Gesicht gesprungen? Die Kapselfrüchte einer Springkrautart tun das, wenn man sie berührt, daher heißt das Kraut auch: „Nolime*tangere*" oder „Rührmichnichtan".

Wer aber dann wirklich nicht berührt wird, bleibt logischerweise *integer* (unberührt, unverletzt, unverdorben), aus *tangere* und der Verneinungspartikel *in-* (vielleicht über das französische *intégre* ins Deutsche gelangt). Dieses *integer* wiederum ist in das Verb *integrare* (ein Ganzes wiederherstellen, einrenken, erneuern, auffrischen) *integriert.* Auf *integrare* zurück gehen die Fremdwörter *integrieren, Integration, integral, integrativ* und *Integral*(-Rechnung).

Der *Takt* (in der Musik) ist direkt auf *tangere* zu beziehen, genauer auf das Partizip Perfekt Passiv *tactum* (berührt). Zunächst (seit dem 16. Jh.) wurde es in der Bedeutung von Berührung verwendet und später dann wohl über den Schlag, mit dem man die Musik gliedert, in der musikalischen Bedeutung. Im Sinne von Feingefühl, Sinn für die Angemessenheit von Handlungen ist *Takt* im 18. Jahrhundert über das französische *tact* (Tastsinn, Takt) ins Deutsche gelangt.

Nicht wie *Takt* auf das Partizip Perfekt Passiv von *tangere,* sondern auf das Partizip Präsens Aktiv *tangens,* Genitiv: *tangentis* (berührend), geht das Fachwort *Tangente* (Gerade, die eine Kurve in einem Punkt berührt, aber nicht schneidet) zurück. Der dänische Mathematiker Thomas Fincke hat es im 16. Jahrhundert eingeführt.

integral, Integration → integer

intensiv → extensiv

Intuition

Es ist ja ein sattsam geläufiger Streit – der darüber, ob es *Intuition* (vor allem die weibliche) überhaupt gibt oder ob deren Existenz nicht bloß schlicht behauptet wird. Im klassischen Lateinischen

jedenfalls gibt es sie nicht, die *Intuition* bzw. dann *intuitio,* zumindest nicht in der heute üblichen Bedeutung als unmittelbares, nicht auf Reflexion beruhendes Erfassen komplexer Sachverhalte oder Seelenzustände. Im klassischen Latein wird *intuitio* allenfalls für das Erscheinen eines Bildes auf einem Spiegel verwendet und geht auf *intueri* (hinschauen, anschauen) aus *in-* (in, hinein) und *-tueri* (ins Auge fassen) zurück.
Erst in der Scholastik wurde das mittellateinische *intuitio* im Sinne von durch Schauen/Betrachtung, nicht durch Denken erworbene Erkenntnis verwendet. Davon wurde (im 18. Jh.) die uns mehr oder weniger vertraute *Intuition* entlehnt – wohl eher nicht rein *intuitiv.* Das Adjektiv *intuitiv* ist übrigens einen anderen Weg gegangen: Es hat über das (mittel-)französische *intuitif* zu uns gefunden.

invers → kontrovers

irreal → real

Kaiser

Gäbe es einen Wettbewerb um das Wort, das als allererstes aus dem Lateinischen ins Deutsche entlehnt wurde, dann hätte das Wort *Kaiser* wahrscheinlich nicht die geringste Chance. Denn *Kaiser,* davon gehen die Etymologen aus, ist so alt, dass es überhaupt noch kein Deutsch gab, als es entlehnt wurde. *Kaiser* wäre dann also keine Entlehnung ins Deutsche, sondern eine ins Germanische und von da aus quasi als Erbwort ins Deutsche gelangt.
Das germanische Substantiv *Kaiser,* althochdeutsch *keisar,* geht auf den Beinamen des römischen Feldherrn und Diktators Gaius Julius *Cäsar* (100–44 v. Chr.) zurück, den die Germanen als Bezeichnung für „Herrscher“ adaptiert hatten. Entlehnt wurde das Wort wohl schon vor Christi Geburt, als das „ae“ im Lateini-

schen noch als „ai“ gesprochen wurde. Die romanischen Sprachen bezeichnen ihre Herrscher nicht so, sondern mit Wörtern, die aus lateinisch „imperator“ (Befehler, Feldherr, Kaiser) abgeleitet sind (z. B. französisch *empereur*), während in slawischen Sprachen oft letztlich wieder *Caesar/Caesar* Pate steht, etwa bei russisch und bulgarisch *car* (Zar, Kaiser). (In einigen slawischen Sprachen kann man übrigens auch verfolgen, wie aus einem ganz anderen Personennamen ebenfalls die Bezeichnung für „Herrscher, König“ abgeleitet wurde. Denn die entsprechenden Bezeichnungen, russisch „koról'“, bulgarisch „kral“, tschechisch „král“, polnisch „król“ und im 16./17. Jahrhundert niedersorbisch „krol“, gehen auf den Namen „Karls“ des Großen zurück, althochdeutsch „Karal, Karl“.)
Für den Namen *Cäsar* selbst bietet der römische Schriftsteller Plinius der Ältere (23 oder 24–79) eine außerordentlich abenteuerliche Etymologie an: Da der erste Träger des Namens *Cäsar* aus dem Leib seiner Mutter herausgeschnitten worden sei, müsse man den Namen auf das Verb *caedere* (schlagen, herausschneiden) beziehen. Diese Legende liegt dem Terminus technicus der mittelalterlichen Medizin *sectio caesarea* (kaiserlicher Schnitt) für die operative Entbindung zugrunde. Im Deutschen wurden dafür verschiedene Lehnübersetzungen verwendet. Durchgesetzt hat sich schließlich „Kaiserschnitt“ (seit dem 17. Jh.).

Kaiserschnitt → Kaiser

Kalk

Eine ganze Menge über das Bauen hatte Vitruv (1. Jh. v. Chr.) zu vermitteln, und dabei ging er auch in die handwerklichen Einzelheiten, die zum Beispiel beim Löschen und Brennen von *Kalk* zu beachten sind: „Tunc de albariis operibus est explicandum. Id autem erit recte, si glaebae *calcis* optimae ante multo tempore, quam opus fuerit, macerabuntur, uti, si qua glaeba parum fuerit in fornace cocta, in maceratione diuturna liquore defervere coacta uno tenore concoquatur." (Dann ist einiges über die Stuckarbeiten zu erklären. Das aber wird richtig sein, wenn Brocken besten *Kalks* eine lange Zeit vor der eigentlichen Bauarbeit befeuchtet werden, damit Brocken, die im Ofen zu wenig gebrannt sind, in der langen Befeuchtung, durch die Feuchte veranlasst auszugären, in einem einzigen ununterbrochenen Fortgang gelöscht werden.) Wenn man das beachtet, bleiben keine Bläschen ungelöschten *Kalks* übrig, die später den Putz oder Stuck absprengen könnten.

Und damit ist auch klar, woher wir unser Wort *Kalk* haben: aus dem Lateinischen nämlich, wie so viele bautechnische und bauhandwerkliche Fachbegriffe. Schon ins Germanische entlehnt wurde *Kalk* aus lateinisch *calx* (Kalkstein, Kalk).

Aber auch wer ganz, ganz scharf *kalkuliert,* ist eigentlich gerade dadurch schon ziemlich *verkalkt.* Denn auch das in der Kaufmannssprache des 16. Jahrhunderts aus lateinisch *calculare* (berechnen) entlehnte Verb *kalkulieren* geht schließlich auf *calx* zurück, und zwar über die Verkleinerungsform *calculus* (Kalksteinchen, Steinchen, Rechenstein, Rechnung, Berechnung), von der das Verb *calculare* abgeleitet ist.

kalkulieren → Kalk

Kamin

Wie so viele Wörter des Bauwesens ist auch *Kamin,* althochdeutsch: *kemin* (Schornstein, Feuerstätte), aus dem Lateinischen entlehnt worden. Das entsprechende lateinische *caminus* (Feuerstätte, Herd, Kamin) geht seinerseits aber auf das griechische *kamnos* (Schmelz-, Bratofen) zurück.

Kämpe → Kampf

Kampf

„Wir wolln euch *kämpfen* sehn. Wir wolln euch *kämpfen* sehn. Wir wolln euch *kämpfen, kämpfen* sehen." Vermutet, wer so etwas skandiert, ernsthaft, dass sich dadurch auf dem Fußballfeld irgendwas ändert? Zumindest, was das Wort *Kampf* angeht, ist „vermuten" und „Feld" gar nicht so schlecht. Denn die Herkunft des Wortes *Kampf* ist zwar durchaus nicht völlig geklärt, aber man vermutet doch ganz stark, dass es über althochdeutsch *champf* (belegt seit dem 11. Jh.) auf lateinisch *campus* (Feld, Schlachtfeld) zu beziehen ist. Und auch der alte *Kämpe* (seit dem 18 Jh. aus dem Niederdeutschen) gehört dann natürlich hierher.

kapieren

So etliches, was einem in der Schule eingetrichtert werden sollte, hat ja das abgelenkte arme Schülergehirn nicht so recht gefasst. Hatte man aber doch mal was ge- bzw. erfasst, dann hatte man es auch *kapiert*, eben erfasst. Denn *kapieren* ist auf lateinisch *capere* (fassen, nehmen) zu beziehen und ist seit dem 18. Jahrhundert – zunächst in der Schülersprache – belegt.
Wahrscheinlich auch auf *capere* zurück geht das Wort, das man nicht immer gern kennt: *Disziplin*. Entlehnt wurde es im 13. Jahrhundert aus lateinisch *disciplina* (Schule, schulische Zucht). Zugrunde liegt das Substantiv *discipulus* (Schüler) und das gehört wahrscheinlich zu einer – allerdings nicht nachgewiesenen – Zusammensetzung aus *dis-* (entzwei, auseinander) und *capere*.

Kappes → Kohl

Karies

Nachdem ja die katholischen Geistlichen die Gemeinde schon länger nicht mehr mit Kirchenlatein beeindrucken, bleiben nur noch die Mediziner, die glauben, sich mit ihrer griechisch-lateinisch zusammengestückelten Fachsprache eine weiße, wenn vielleicht auch nicht immer weise Halbgötterära verschaffen zu können. Allerdings gehen viele solcher Fachtermini im Laufe der Zeit immer mehr in den allgemeinen Sprachgebrauch über und können gar niemanden mehr beeindrucken. Dieses Schicksal hat auch den Terminus *Karies* ereilt, der im 18. Jahrhundert als gelehrte Entlehnung aus lateinisch *caries* (Morschsein, Fäulnis) in die medizinische Fachsprache eingeführt worden war.

Käse

Käse kann schon was sehr, sehr Leckeres sein. Der Logiker zöge ein *Käsebrötchen* ja sogar dem absoluten Glück vor – logisch abgeleitet. Denn: Nichts ist besser als das absolute Glück. Aber: Ein *Käsebrötchen* ist besser als nichts. Sprachgeschichtlich abzuleiten (seit dem 9. Jh.) ist das Wort *Käse* (althochdeutsch *chasi, kasi*) von lateinisch *caseus* (Käse). Denn die Germanen kannten wohl nur den Weichkäse *(caesus mollis),* während sie das Know-how, wie man einen festen Labkäse hinkriegt, den Römern abgeschaut hatten. Zu beziehen ist *caseus* (das sauer Gewordene) auf das Verb *coacescere* (sauer werden).
Ein Rezept für einen *Käse*-Fisch-Auflauf findet sich bei Apicius: „Coques ex oleo, exossabis, et cerebella cocta, pulpas piscium, iocuscula pullorum, ova dura, *caesum* mollem excaldatum, haec omnia calefacies in patella. Teres piper, ligusticum, origanum, rutae bacam, vinum, mulsum, oleum, patella ad lentum ignem ut coquantur. Ovis crudis obligabis, adordinabis, cuminum minutum asparges et inferes." (Du kochst [den Fisch] in Öl und entgrätest ihn. Gekochte Hirnchen, Hühnerleber, hartgekochte Eier, weichen, leicht abgekochten *Käse:* Du erwärmst all dies in einer Auflaufform. Du vermahlst Pfeffer, Liebstöckel, Oregano, Rautenbeeren, Wein, Weinmet und Öl; die Auflaufform auf kleine Flamme, sodass es kocht. Du wirst [alles] mit rohen Eiern binden, anrichten und gemahlenen Kümmel daraufstreuen und servieren.)

Kauderwelsch → welsch

kaufen

Wer sich verraten und *verkauft* fühlt, ist deshalb mit seinem Latein noch lange nicht am Ende – zumindest nicht, was das *verkaufen* bzw. das darin enthaltene *kaufen* angeht. Denn das Verb *kaufen* ist aus dem Lateinischen vielleicht schon übers Germanische ins Deutsche gelangt. Die alten Germanen haben sich nämlich eigentlich schon seit etwa Christi Geburt mit dem römischen *caupo* (althochdeutsch *koufo*) herumgeschlagen, dem Schankwirt bzw. Krämer. Eventuell wurde *kaufen* aber auch erst später, ungefähr im 9. Jahrhundert, aus dem von *caupo* abgeleiteten Verb *cauponari* erzeugt, was so viel heißt wie „mit etwas schachern, feilschen". Auch das Pendant zu *kaufen,* das Verb *verkaufen,* hatte sich schon im Althochdeutschen etabliert: *firkoufen.*

Keller

Wenn jemand eine Leiche im Keller hat, kann die da theoretisch schon ziemlich lange lagern. Denn das Substantiv, althochdeutsch *kellari,* ist zu den zahlreichen bautechnischen Lehnwörtern aus dem Lateinischen zu zählen, die bereits im Germanischen aus dem Lateinischen entlehnt worden sind. Zugrunde liegt spätlateinisch *cellarium* (Speisekammer, Vorratskammer), was wiederum zu lateinisch *cella* (Vorrats-, Wohnkammer) gehört.

Ein ganz besonderer *Keller* war schon immer der *Weinkeller.* Und wer hier zu sagen hatte, das war in althochdeutscher Zeit der *kelnari,* wohl eine Entlehnug aus spätlateinisch *cellarius* (Kellermeister), das natürlich auf lateinisch *cella* zurückgeht. Aus diesem *kelnari* hat sich über mittelhochdeutsch *kelnaere* unter entsprechender Bedeutungsverschiebung im 18. Jahrhundert unser heutiger *Kellner* herausgebildet (der aber nicht mehr so viel zu sagen hat).

Auch das Wort *Zelle* geht auf lateinisch *cella* zurück, wurde aber erst in althochdeutscher Zeit entlehnt (als das lateinische „c“ vor „e“, „i“ schon wie „z“ gesprochen wurde) und hieß zunächst nur so viel wie „Wohnraum eines Mönchs, Klause“. Im Mittelhochdeutschen erweiterte sich die Bedeutung dann auf „Kammer, Zelle“. Seit dem 14. Jahrhundert wird auch die *Bienenzelle* mit *Zelle* bezeichnet, seit dem 18. Jahrhundert die *Gefängniszelle*, und als biologisches Fachwort wird *Zelle* seit der ersten Hälfte des 19. Jahrhunderts verwendet. Mit den letzten beiden Bedeutungen spielt Heinz Erhardt, wenn er reimt: „Das Leben kommt auf alle Fälle // aus einer *Zelle*. // Doch manchmal endet's auch – bei Strolchen! – // in einer solchen.“
Das lateinische Substantiv *cella* hat mit dem Verb *celare* (verbergen, verhehlen) zu tun und das wiederum mit dem Verb *occulere* (verdecken, verbergen), dessen Partizip Perfekt Passiv *occultum* (versteckt, verborgen) schließlich im 18. oder 19. Jahrhundert zu unserem Adjektiv *okkult* geworden ist.

Kellner → Keller

Kelter

So sind wir Menschen: Auch das Beste treten wir noch mit Füßen, etwa die köstlichen Trauben, aus denen edler Wein werden soll. In älteren Zeiten wurde ja der Wein vor dem Pressen mit den Füßen zerstampft (in abgelegeneren Gegenden ist dies auch heute noch so). Und das spiegelt sich in gewisser – natürlich versteckter – Weise in den Wörtern *Kelter* (Traubenpresse) und *keltern* wieder. Dem seit dem 9. Jahrhundert belegten Substantiv *Kelter* (mittelhochdeutsch *kelter*, althochdeutsch *kelcterre*) liegt das lateinische *calcatura* (das Stampfen) zugrunde, das auf lateinisch *calcare* (mit der Ferse / dem Fuß treten/stampfen) zu beziehen ist und dieses wiederum auf *calx*, Genitiv: *calcis* (Ferse, Fuß).

Kirsche

„Gib mich die *Kirsche,* Deutschland", so der Titel eines Bunte-Liga-Almanachs und natürlich ist mit *Kirsche* der Ball gemeint. Das Wort *Kirsche* entlehnten die Germanen aus dem Lateinischen (belegt ist es seit dem 11. Jh.), nachdem sie durch die Römer den Obstbau und veredelte Obstsorten kennengelernt hatten. Im Althochdeutschen noch *Chirsa* geht das Wort auf vulgärlateinisch *cerasia, ceresia* (Kirsche) zurück, was wiederum zu lateinisch *cerasus* (Kirschbaum, Kirsche) bzw. *cerasum* (Kirsche) gehört. Das Wort hatten aber die Römer selbst schon aus dem Griechischen entlehnt und die Griechen wiederum aus einer anderen, wahrscheinlich kleinasiatischen Sprache. Aus welcher, weiß man nicht. Darum halten wir uns ans Lateinische.

Kiste

Was ist eigentlich so alles bei den alten Griechen in die *Kiste* gekommen? Das darf man berechtigt fragen. Denn das Wort *Kiste,* althochdeutsch: *kista,* das im 12. Jahrhundert aus lateinisch *cista* (Kiste, Kasten) entlehnt wurde, hatten die Römern selbst schon von den Griechen übernommen, und zwar von griechisch *kíste* (Korb, Kiste).

klammheimlich

Seinen berühmtesten – oder doch eher: berüchtigtsten – Auftritt hatte das Adjektiv *klammheimlich* wohl kurz vor dem Deutschen Herbst 1977. In einem Artikel, der mit dem Pseudonym „Mescalero" (dem Namen des Apachenstamms, dem Karl May einst auch Winnetou zugeordnet hatte) gezeichnet und eigentlich als schroffe Absage an Gewalt als Mittel der politischen Auseinandersetzung gedacht war, äußerte der sich als Stadtindianer bezeichnende Autor, dass er zunächst und vorschnell eine „klammheimliche Freude" über die Ermordung des Generalbundesanwaltes Siegfried Buback empfunden habe. „Klammheimliche Freude" war dann für etliche Jahre ein geflügeltes Wort – in welchem Sinne auch immer eingesetzt. So wahnsinnig lateinisch will einem freilich *klammheimlich* gar nicht erscheinen. Und der Bestandteil „heimlich" ist es sicher auch nicht. Bei *klamm* allerdings spricht einiges dafür, dass es nicht auf das deutsche Wort „klamm", sondern eher auf lateinisch *clam* zurückzuführen ist, was auch nichts wesentlich anderes bedeutet als „heimlich". Das Adverb *clam* hat mit dem Verb *celare* („verhehlen, verheimlichen") zu tun, gern auch in der Wendung *clam et palam* – „insgeheim wie vor aller Augen" (→ Keller). Wir hätten es bei „klammheimlich" dann also mit einer semantischen Reduplikation zu tun, einem Stilmittel der Wortbildung also, das der Bedeutungsverstärkung dient. Die Bildung ist erst seit Ende des 19. Jahrhunderts bezeugt, mithin recht neu. Sie hat ihren Ursprung wohl in Nordostdeutschland und wird auch gern der Studenten- bzw. Schülersprache zugerechnet. Absolut sicher sind sich die Etymologen allerdings nicht, was den lateinischen Ursprung von *klamm* in *klammheimlich* angeht.

klar

„Der Niederrheiner ist überhaupt zu allem unfähig. Er weiß nix, kann aber alles erklären", musste Hanns Dieter Hüsch einst resignierend feststellen. Wie konnte das passieren? War es doch ausgerechnet am Niederrhein, wo aus dem lateinischen Adjektiv *clarus* (schallend, hell, klar, deutlich, berühmt) im 12. Jahrhundert das deutsche *klar* wurde. Das Adjektiv *clarus* hängt mit den Verb *calare* (aus-, zusammenrufen) und *clamare* (schreien, laut rufen) zusammen, es steckt auch in *clarigare* = *clare agere* (laut fordern). Über die angenommene indoeuropäische Wurzel **kle-* (schreien) ist es mit dem deutschen Adjektiv *hell* verwandt, das übrigens zunächst auch auf akustische Empfindungen bezogen war und erst später auf optische und geistige Bereiche übertragen wurde.

Zu *klar* gehören *(auf-, er-, ver-)klären* und die Fremdwörter *deklarieren* (15. Jh.) von *declarare* (deutlich kundgeben, offenbaren), *deklamieren* (16. Jh.) von *declamare* (laut aufsagen) und das zunächst für die Rechtssprache im 17. Jahrhundert entlehnte Verb *reklamieren* von *reclamare* (dagegenschreien). Übrigens sind hier auch das aus dem Französischen stammende Fremdwort *Reklame* und die aus dem Italienischen stammende *Klarinette* zu nennen: Das französische *réclame* ist der Druckersprache zuzurechnen und war die Bezeichnung für den am Ende einer Seite als Gedächtnishilfe zu findenden Hinweis auf das erste Wort der nächsten Seite. Wörtlich ist es als das „Ins-Gedächtnis-Rufen" zu verstehen. Im 19. Jahrhundert taucht es zunächst als „honorierte Buchbesprechung" auf, erst später gewinnt es die heute übliche Bedeutung. Das Wort *Klarinette* ist im Deutschen seit dem 18. Jahrhundert heimisch und geht auf die italienische Verkleinerungsform *clarinetto* (das kleine Helltönende) zurück.

klären, Klarinette → klar

Koalition → Aliment

kochen

Wer auch nur mit Wasser *kocht, kocht* aber doch irgendwie zumindest à la romaine. Denn mit den verfeinerten römischen Sitten ist auch eine Art *Kochkunst* ins deutsche Sprachgebiet gelangt und hatte im Schlepptau eine ganze Reihe von Wörtern rund um Küche und Lebensmittel. Dazu zählt eben auch das Verb *kochen* (althochdeutsch *kochon*), das im 10. Jahrhundert über vulgärlateinisch *cocere* aus lateinisch *coquere* (sieden, kochen, backen) entlehnt wurde. Und natürlich ist auch der *Koch* lateinischen Ursprungs (9. Jh.), er geht über spätlateinisch *coco* auf lateinisch *coquus* (Koch) zurück. Ein berühmter bis berüchtigter römischer Haute-Cuisine-Koch war Apicius (um Christi Geburt), von Plinius auch als „ad omne luxus ingenium natus“ (zu jeder Befähigung zu Luxus geboren) und „nepotum omnium altissimus gurges“ (der größte Prasser aller Verschwender) bezeichnet. Ihm wird (vielleicht zu Unrecht) das Kochbuch „Libri decem qui dicuntur de re coquinaria“ zugeschrieben, in dem man etwa folgendes Rezept für eine Aalsoße (ius in anguilla) findet: piper, ligusticum, apii semen, anethum, rus Syriacum, careotam, mel, acetum, liquamen, oleum, sinape et defritum (Pfeffer, Liebstöckel, Selleriesamen, Dill, syrischer Sumach, Datteln, Honig, Essig, Fischbrühe, Öl, Senf und eingekochter Most [evtl. gemeint: eingedickter Feigensirup]).

Dass sich Kollegen nicht immer ganz grün sind, ist nun wirklich keine Erscheinung neuerer Zeit. So hielt der italienische Humanist Lorenzo Valla (1407–1457) seinem italienischen Humanistenkollegen Gia Francesco Poggio Bracciolini (1380–1459) vor, dieser habe sein Latein bei einem *Koch* gelernt und zerschlage das grammatisch richtige Latein wie jener Töpfe. Damit war zwar nicht das Wort, aber doch der Begriff vom *Küchenlatein* (Latinitas in culinis nata) geprägt. Die *Küche* selbst ist aber unbestreitbar lateinischen Ursprungs, wurde das Wort doch schon im 9. Jahrhundert aus spätlateinisch *coquina* (Kochraum), vulgärlateinisch *cocina,* entlehnt, die natürlich ebenfalls auf das Verb *coquere* zurückzuführen sind.

Kohl

„*Kohl* is *Kappes*“, so verhohnepipelten einst politische Gegner Kanzler Helmut Kohl – gleichzeitig frech und tautologisch. Aber war das nicht andererseits auch widersprüchlich, wenn sie ihn gleichzeitig mit „Birne“ titulierten? Wie auch immer der Pfälzer Einheitskanzler botanisch einzuordnen sein mag, ganz sicher zumindest ist *Kohl* (wie auch sein westdeutsches Pendant *Kappes*) lateinischen Ursprungs. Wie für so viele Kulturpflanzen hatten sich unsere Altvorderen mit der neuen Pflanze auch deren

Bezeichnung von den Römern angeeignet. Dafür bediente man sich schlicht des lateinischen Wortes für „Strunk, Stängel“, nämlich *caulis*. Über die althochdeutschen *kol, koli, cholo* und die mittelhochdeutschen *kol* und *koel[e]* wurde es schließlich zu *Kohl*. Dagegen lässt sich der rheinische/westdeutsche *Kappes* über mittelhochdeutsch *kabez* und althochdeutsch *kabuz* bis hin zu mittellateinisch *caputia* (Kohlkopf, Weißkohl) zurückverfolgen, dem wiederum das lateinische *caput* (Kopf) zugrunde liegt. Während man *Kohl* pflanzen, kochen, riechen (sehr leicht!) oder essen kann, kann man *Kappes* darüber hinaus auch reden. Und wenn jemand dann auch noch etwas (oder jemanden, wie das Eingangsbeispiel zeigt) als *Kappes* bezeichnet, ist das meist weder botanisch noch kulinarisch gemeint, sondern schon bös.

kollateral

Was nicht direkt im Mainstream schwimmt, sondern eher seitlich davon, das ist *lateral*. In der Medizin etwa ist damit gemeint, dass etwas von der Mittellinie eines Organs abgewandt, eben an der Seite liegt. Zweiseitig ist dagegen das zum Politikjargon zählende *bilateral*. Zugrunde liegt den beiden erst im 20. Jahrhundert entlehnten Fremdwörtern das Adjektiv *lateralis* (seitlich), das wiederum auf *latus* (Seite) zu beziehen ist, und im zweiten Fall dazu noch die Vorsilbe *bi-* für „zwei“. Wer *lateral* denkt, denkt eine Frage aus unterschiedlichen Perspektiven durch, denkt dabei auch durchaus quer.

Kollateral dagegen hat es zu trauriger Berühmtheit gebracht, und zwar in der Zusammensetzung *Kollateral*schaden, einem ganz, ganz üblen Euphemismus für einen bei einer militärischen Aktion entstandenen, nicht beabsichtigten, aber in Kauf genommenen Schaden, besonders für den Tod von Zivilisten. In dieser Bedeutung hat es der Ausdruck 1999 bis zum Unwort des Jahres gebracht. Dabei handelt es sich um eine Übersetzung des amerikanischen *collateral damage* (begleitender Schaden, Nebenschaden).

Das Wort *kollateral* war aber auch schon entlehnt worden, bevor es in beschriebener Weise über das Amerikanische zu uns gefunden hat, allerdings in der gleichen harmlosen Bedeutung von *lateral:* aus dem mittellateinischen *collateralis* (zur Seite stehend, seitlich), das zu *collaterare* (zur Seite nehmen) gehört. Und das ist wiederum auf *latus* (Seite) zu beziehen.

Kollege

Kollegen haben kann man seit dem 16. Jahrhundert, als das Wort Kollege aus lateinisch *collega* (Mitabgeordneter) entlehnt wurde. Dies gehört zum Verb *legare* (etwas gesetzlich verfügen, jemanden von Amts wegen mit Aufträgen zu jemanden schicken), das von *legatus* (Gesandter) zurückgebildet ist. Das Substantiv *legatus* wiederum ist auf *lex,* Genitiv *legis* (Gesetz) zu beziehen. Im 17. Jahrhundert kam noch das Adjektiv *kollegial,* aus lateinisch *collegialis* (amtsbrüderlich, hilfsbereit), hinzu, und das *Kollegium,* aus lateinisch *collegium* (Kollegenschaft, Amtsgemeinschaft).

Auf *legare* zurück gehen zudem also noch der genannte *Legat,* der päpstliche Gesandte, aus *legatus* (Gesandter), und die *Legation,* die (päpstliche) Gesandtschaft, aus *legatio* (Gesandtschaft). Das Verb *delegieren* ist im 16. Jahrhundert aus dem Kompositum *delegare* (abordnen) entlehnt worden, aus *de* (von, herab) und *legare.* Dazu wurde im 17. Jahrhundert noch das substantivierte Partizip *Delegierter* gestellt. Die *Delegation,* aus lateinisch *delegatio* (Anweisung), ist dagegen ebenfalls schon seit dem 16. Jahrhundert gebräuchlich.

Und *legal* handeln können wir, so gewünscht, seit dem 17. Jahrhundert, als *legal* aus lateinisch *legalis* (gesetzeskonform) entlehnt wurde, das auch auf *lex* zurückgeht. Dessen Pendant *illegal* taucht dann erst im 18. Jahrhundert auf.

Und durchaus *legitim* ist die Entlehnung dieses Adjektivs aus lateinisch *legitimus* (durch die Gesetze bestimmt, gesetzmäßig), das natürlich auch auf *lex* zurückgeht, genauso wie dessen Pendant *illegitim,* aus *illegitimus* (gesetzwidrig, nicht gestattet).

Kolonie → Kultur

kompetent

Wer zu allem fähig ist, ist deshalb noch lange nicht *kompetent.* Allerdings ziemlich wahrscheinlich *inkompetent* ist, wer zu allem unfähig ist. Das Adjektiv *kompetent* ist seit dem 18. Jahrhundert zunächst in juristischer Fachsprache in Gebrauch und geht auf *competens,* das Partizip Präsens Aktiv von *competere* (zukommen, entsprechen), zurück. Das Verb setzt sich zusammen aus *com-* (mit, ver-) und *petere* (erstreben, zu erlangen suchen). Das Grundverb steckt auch im *Appetit,* der im 15. Jahrhundert aus *appetitus* (Verlangen) entlehnt wurde. Zugrunde liegt das Verb *appetere* (nach etwas hinlangen, begehren) aus *ad* (an, bei, zu, nach) und eben *petere.*

komprimieren → pressen

Konjunktion, Konjunktiv → Konjunktur

Konjunktur

Wenn das Hazy-Osterwald-Sextett einst in seinem *Konjunktur-Cha-Cha-Cha* riet: „Gehn Sie mit der *Konjunktur.* // Gehn Sie mit auf diese Tour. // Holen Sie sich Ihre Kohlen // wie der Krupp von Bohlen aus dem großen Weltgeschäft", rannte es eigentlich offene Türen ein. Denn: Man kann gar nicht anders als mit der *Konjunktur* gehen. Zumindest dann nicht, wenn man von der ursprünglichen Bedeutung von *Konjunktur* ausgeht. Das Fremdwort stammt nämlich aus der Astrologie und meint dort eine bestimmte Verbindung von Gestirnen. Und denen sind wir ja – wenn man der Astrologie glaubt – eh stets ausgeliefert.

Seit dem 17. Jahrhundert wird das Fremdwort im allgemeinen Sinne von „Lage, Stand der Dinge“ verwendet und erst seit dem 18. Jahrhundert vorwiegend als wirtschaftlicher Ausdruck. Das Wort geht auf lateinisch *coniungere* (verbinden) zurück, aus *con-* (ver-, zusammen-) und *iungere* (verbinden, zusammenfügen).
Und natürlich letztlich auch auf *coniungere* geht der grammatische Terminus *Konjunktion* (Bindewort) zurück, der im 17. Jahrhundert aus lateinisch *coniunctio* (Verbindung) entlehnt wurde. Das gilt auch für einen anderen grammatischen Terminus, nämlich für den *Konjunktiv* (Möglichkeitsform), der aus lateinisch *modus coniunctivus* (Modus, der für die [Satz-]Verbindung zuständig ist) entlehnt wurde.
Übrigens: Auch die mehr oder minder berüchtigte (Militär-)*Junta* geht letztlich auf *iungere* zurück. *Junta* wurde im 18. oder 19. Jahrhundert aus spanisch *junta* (Versammlung, Rat) entlehnt und ist das substantivierte zweite Partizip im Femininum von *junto* (vereinigt, verbunden), das auf lateinisch *iunctum* (verbunden) zurückgeht, das Partizip Perfekt Passiv von *iungere.*

konspirativ → inspirieren

konstruieren → destruktiv

Kontakt → Kontamination

Kontamination

Wenn in einem kritischen Bericht zur Gesundheitspolitik von „Medizynikern“ die Rede ist und von hilflosen Patienten, über die man nur noch urteilen kann: „Wer den Schaden hat, spottet jeder Beschreibung“, ja dann wurde reichlich *kontaminiert,* das heißt vermengt. Vermengt wurden zum einen zwei Wörter, nämlich „Mediziner“ und „Zyniker“ und zum anderen zwei Wendungen, nämlich „Wer den Schaden hat, braucht für den Spott nicht zu

sorgen“ und „Das spottet jeder Beschreibung“. Solche *Kontaminationen* passieren uns gelegentlich unabsichtlich, manchmal setzen pfiffige Journalisten sie auch bewusst ein. Geläufiger dürfte uns die *Kontamination* aus der Physik sein, wo es bedeutet, dass Kernbrennstoff mit Neutronen absorbierenden Spaltprodukten verunreinigt ist. Häufig (und das schon seit dem 17. Jh.) wird *kontaminieren/Kontamination* auch ganz allgemein im Sinne von „verunreinigen/Verunreinigung“ verwendet, etwa, wenn man von „*kontaminiertem* Quellwasser“ spricht. Zugrunde liegt das lateinische Verb *contaminare* (in Berührung bringen, beflecken, verderben), in dem *con-* (zusammen mit-, ver-) steckt und das auf *tangere* (berühren) zu beziehen ist (→ integer).
Eine andere Verbindung von *con-* und *tangere* ist dagegen *contingere* (an-, berühren, anstecken). Daraus abgeleitet ist das Substantiv *contactus* (Berührung, Ansteckung), aus dem im 17. Jahrhundert dann *Kontakt* entlehnt wurde.

kontrahieren → abstrakt

kontrovers

Auch wenn man eine *Kontroverse* durchaus nicht als ein Kontrageben in *Vers*form geboten bekommt, sondern meist in recht derber *Prosa,* haben der *Vers* und die *Kontroverse* doch durchaus eine gemeinsame Wurzel. Das Adjektiv *kontrovers* geht wie das Substantiv *Kontroverse* (seit dem 17. Jh. aus *controversia*) zurück auf das lateinische Partizip Perfekt Passiv *controversus* (entgegengewandt) von *controvertere* (entgegenwenden) aus *contra* (gegen) und *vertere* (wenden). Das Partizip Perfekt Passiv von *vertere,* nämlich *versum,* steckt aber in gewisser Weise genauso auch im schon seit dem 9. Jahrhundert bezeugten *Vers.* Denn der geht zurück auf das Substantiv *versus* (das Gewendete, die Ackerfurche, Reihe, Vers), das eben wiederum auf das Partizip *versum* zu beziehen ist.

Überhaupt ist ja das Verb *vertere* ganz schön fleißig gewesen, wenn es darum ging, Fremdwörter ans Deutsche abzuliefern. Über das Partizip Perfekt Passiv sind zum Beispiel auch von *vertere* abgeleitet: *invers* (umgekehrt) von *inversum, pervers* (seit dem 16. Jh. über das französische Adjektiv *pervers*) von *perversum* (verdreht, verkehrt) und *Revers* (über das französische Substantiv *revers*) von *reversum* (umgewendet).
Auch der *Konvertit* (seit dem 18. Jh. über englisches *convertite*) bzw. *konvertieren* (seit dem 19. Jh. über französisches *conventir*) zählen zu dieser Gruppe: Beide sind auf *convertere* (umwenden) zu beziehen.
Tja, und wenn man alles in eines wendet, hat man es auf Latein mit dem Adjektiv *universus* (ganz, sämtlich, allgemein) zu tun und im Deutschen mit *Universum, Universität* und *universal.* Das seit dem 17. Jahrhundert verwendete *Universum* ist schlicht aus dem substantivierten Neutrum des Partizips entlehnt: *universum* (das Ganze).
Das Wort *Universität* gibt es schon seit dem 14. Jahrhundert. Es ist aus dem lateinischen Substantiv *universitas* (Gesamtheit) abgeleitet. Gemeint ist die *universitas magistrorum et scolarium* (die Gesamtheit der Lehrer und Schüler). Das Adjektiv *universal* (seit dem 16. Jh.) dagegen ist aus dem lateinischen Adjektiv *universalis* (gesamtheitlich, allgemein) entstanden. Ihm hinzu gesellen sich die Ableitungen *universell, Universalität, Universalie* (samt dem philosophischen Streit darüber, dem *Universalienstreit*) und *Universalismus.* Das all diesen Wörtern zugrunde liegende Adjektiv *universus* setzt sich zusammen aus *unus* (einer) und unserem vertrauten *versus* (ein Verb **univertere* ist allerdings nicht bekannt).
Eine ganze Menge *vertere* bis hierher, nicht? Aber wir hätten da noch eine *Version.* Denn das Fremdwort *Version* wurde im 16. Jahrhundert aus dem französischen Substantiv *version* entlehnt, und zwar zunächst in der Bedeutung „Übersetzung eines Textes". Und *version* wiederum beruht auf dem neulateinischen

versio (Wendung, Umkehrung), das – wenn wundert das jetzt noch – natürlich wieder auf *vertere* zu beziehen ist.
Und auch wenn man es ihr vielleicht nicht unmittelbar ansieht: Selbst die schnödeste *Prosa* gehört hierher. Entlehnt ist *Prosa* nämlich aus der lateinischen Wendung *oratio prosa* (geradeaus gerichtete Rede = ungeschmückte, „drumherumlose" Rede). Das darin enthaltene Adjektiv *pro[r]sus* (geradeaus) setzt sich zusammen aus *pro* (für, vorn, voraus) und unserem mittlerweile sattsam geläufigen Partizip *versus*, womit wir dann also indirekt doch wieder bei *vertere* angelangt wären.

konvertieren → kontrovers

konzedieren, Konzession → Exzess

Kopf

Ein *Wasserkopf* war im Althochdeutschen noch etwas ganz anderes als heute: *Kopf* bedeutete nämlich ursprünglich „Becher, Trinkschale". Es geht wohl (vgl. auch englisch *cup*) auf spätlateinisch *cuppa* (Becher) zurück, zu lateinisch *cupa* (Fass, Tonne, Bottich). Im Mittelhochdeutschen wird erstmals über die bildliche Vorstellung einer „Hirnschale" der Körperteil so genannt. Eine ähnliche Art der Übertragung gibt es übrigens im Französischen, und zwar die von lateinisch „testa" (Platte, [Ton-]Schale) zu französisch „tête" (Kopf). Im Neuhochdeutschen hat sich *Kopf* schließlich weitgehend gegen das Erbwort „Haupt" durchgesetzt.

kosen

„Man sollte nicht mit jedem *kosen*. // Eins kommt ziemlich schlecht: // Wo der Bär tollt, brecht // mir bitte keine roten Rosen."
Dass ausgerechnet so etwas Zärtliches wie *kosen* seinen Ursprung in der papiernen Rechtssprache haben soll, lässt schon stutzen.

Aber dazu bedurfte es schon einiger Schlenker. Schon früh wurde aus lateinisch *causa* (Anlass, Motiv, Grund, [Rechts-]Angelegenheit) das althochdeutsche *kosa* (Rechtsangelegenheit) entlehnt, und davon wurde dann das Verb *koson* (verhandeln, besprechen, erzählen, plaudern) abgeleitet. In dieser Bedeutung wird auch noch das mittelhochdeutsche *kosen* verwendet. Allerdings kam die Zusammensetzung *liepkosen* hinzu, die sich hielt, während das einfache *kosen* aus der Mode kam, bis solch ein Verb im 18. Jahrhundert als Verkürzung von *liebkosen* im Sinne von „zärtlich sein, streicheln" wieder auftauchte.

krass

Für manchen vielleicht tröstlich: Auch das Kanakendeutsch ist nicht völlig frei von Bildungsgut lateinischer Provenienz. Das gilt etwa für das wohl prominenteste Wort – *krass:* „Voll *krass,* ey: Latein." Das Adjektiv *krass* wurde im 18. Jahrhundert aus lateinisch *crassus* (dick, fett, barsch, grob) entlehnt.

Krawall

Während die *Krawallbrüder* „Randale" (kontaminiert aus mundartlich „Rand" [Possen] und griechisch „skandalon", vermittelt über kirchenlateinisch „scandalum") und „Radau" (lautnachahmend) nicht viel oder nichts mit dem Lateinischen zu tun haben, sieht das bei *Krawall* schon etwas anders – wenn auch durchaus undurchsichtig – aus. Aufgekommen ist das Wort *Krawall* während der Unruhen von 1830 und 1848. Es ist wohl auf das ältere Verb (16. Jh.) *cravallen* (lärmen) zu beziehen. Dies ist entlehnt aus mittellateinisch *charavallium* (Katzenmusik, Straßenlärm) und verweist vielleicht ins Griechische. Zu vergleichen wäre es dann mit *Charivari* (Durcheinander, Katzenmusik, Uhrkette[nanhänger]), das über französisch *charivari* und über spätlateinisch *caribaria* auf griechisch *karebaría* (Kopfschwere, Kopfschmerz) zurückgeht.

Krimi

Beim *„Kriminaltango* in der Taverne mit dunklen Gestalten und roter Laterne“ ist das Verbrechen nicht weit: Es steckt schon in Wörtern wie *Krimi, Kriminalität* oder *Kriminaltango.* Die gehen nämlich auf das lateinische Adjektiv *criminalis* (das Verbrechen betreffend) zurück und das wiederum auf das Substantiv *crimen* (Gegenstand richterlicher Entscheidung, Beschuldigung, Vergehen, Verbrechen, Schuld). Dies gilt auch für das aus dem Französischen entlehnte *kriminell.* Worauf letztlich *crimen* zu beziehen ist, bleibt umstritten. Karl Ernst Georges (1806–1895) hatte es in seinem „Ausführlichen lateinisch-deutschen Handwörterbuch“ dem Verb *cernere* (in Augenschein nehmen, [ent]scheiden) zugeordnet, während Friedrich Kluge (1856–1926) in seinem etymologischen Wörterbuch auch einen Bezug auf eine indoeuropäische Wurzel für möglich hält, die sich etwa zu unserem Verb „schreien“ (anschuldigen) ausgewachsen hat.
Das Verb *inkriminieren* (beschuldigen) stammt aus der Rechtssprache und ist von der spätlateinischen Bildung *incriminare* (anschuldigen) abgeleitet. Wer aber *diskriminiert* wird, wird abgetrennt, abgesondert (vgl. Apartheid = Abgetrenntheit). Und „abtrennen, absondern“ ist auch die Bedeutung des auf *crimen* zu beziehenden Verbs *discriminare,* aus dem im 19. Jahrhundert unser Verb *diskriminieren* entlehnt wurde.

Küche → kochen

Kultur

Auch wer sein *Kulturbanausentum* selbstgefällig *kultiviert,* wird doch zugestehen müssen, dass man es bei der *Kultur* doch mit recht Unterschiedlichem zu tun hat. Begriffe wie *Agrarkultur, Bakterienkultur* oder *Hydrokultur* auf der einen Seite und solche wie *Hochkultur, Subkultur* und *Freikörperkultur* auf der anderen offenbaren, dass Kultur in mindestens zwei ganz unterschiedlichen Lesarten auftritt: Zum einen geht es um die *Kultivierung*, also die Pflege von Tieren und Pflanzen, also um Land-, Gartenbau und eventuell um biologische, medizinische Forschung, auf der anderen um geistige, künstlerische, lebensartausmachende Äußerungen einer Gemeinschaft.

Schon als das seit dem 17. Jahrhundert belegte Substantiv *Kultur* aus lateinisch *cultura* (Bearbeitung des Ackers, Landbau, geistige Ausbildung) entlehnt worden ist, wurde es in beiderlei Sinn verwendet. Das ist ja auch in gewisser Weise schon im Lateinischen so. Das lateinische Substantiv *cultura* gehört zum Verb *colere* (bebauen, bearbeiten, [be]wohnen, pflegen, ehren).

Ein anderes von *colere* abgeleitetes Substantiv ist *colonus* (Bebauer, Bauer, Siedler), zu dem die Bildung *colonia* (Länderei, Ansiedlung) gehört, etwa in *Colonia Agrippina* (Köln). Daraus wurde dann im 16. Jahrhundert unser Fremdwort *Kolonie* entlehnt.

Und nur so nebenbei: Wahrscheinlich gehört sogar der *Clown* hierher. *Clown* bezeichnete nämlich im alten englischen Theater die Rolle des Bauerntölpels und ist wohl über französisch *colon* auch auf lateinisch *colonus* (Bauer) zu beziehen.

kurz

Um es *kurz* zu machen: Das Adjektiv *kurz* (althochdeutsch *kurz, kurt*) wurde bereits im 9. Jahrhundert aus lateinisch *curtus* (verkürzt, verstümmelt) entlehnt. (Der Vorname *Kurt* hat übrigens nichts mit *kurz* zu tun, sondern ist auf *Konrad* zu beziehen.)

laben

Es spricht viel dafür, dass *laben* (althochdeutsch *labon*) auf lateinisch *lavare* (waschen, baden, befeuchten) zurückgeht. Zunächst wurde das Verb nur in der Bedeutung „sich mit Flüssigkeit benetzen, sich durch Tränkung erfrischen, waschen“ verwendet.

Auch das Fremdwort *Latrine* geht letztlich auf *lavare* zurück. Das Substantiv wurde im 16. Jahrhundert aus lateinisch *latrina* (Waschraum, Abort) entlehnt, zusammengezogen aus **lavatrina.* Auch zu *lavare* gehört übrigens das aus italienisch *lavendola* entlehnte Substantiv *Lavendel.* Das italienische Substantiv ist – nach der Verwendung als Badezusatz – zu beziehen auf *lavanda* (das zu Waschende, das dem Waschen Dienliche), einem Gerundiv zum italienischen Verb *lavare* (waschen, baden).

Lampe → Laterne

Laterne

Einen langen Weg, räumlich wie zeitlich, müsste sich die *Laterne* selbst heimleuchten, bis sie dieses Heim erreicht hätte: das antike Griechenland. Ins Deutsche wurde *Laterne* im 13. Jahrhundert aus lateinisch *lanterna* übernommen. Die Römer haben das Wort wohl bei den Etruskern aufgeschnappt, die es wiederum von den Griechen hatten: griechisch *lampter* (Leuchter), das auf das Verb *lámpein* (leuchten) zu beziehen ist.
Auf diese griechischen Wörter geht auch unser Lehnwort *Lampe* zurück. Es ist allerdings nicht zunächst aus dem Lateinischen, sondern im 13. Jahrhundert aus französisch *lampe* entlehnt worden, das dann aber über vulgärlateinisch *lampada* und lateinisch *lampas* wieder auf griechisch *lampter* und *lámpein* verweist.

Latrine → laben

Laune

„Ob der Mond schon scheint oder seinen Mondschein schont" (nach Heinz Erhardt), fragen sich ja vor allem Menschen, die sich als in gewisser Weise vom Mond geleitet sehen. Und das scheinen seit je nicht wenige gewesen zu sein. Schon die mittelalterlichen Astrologen gingen davon aus, dass der Mond die Stimmung beeinflusst. So hat sich der Mond bereits im 13. Jahrhundert bis ins Wort *Laune* durchgearbeitet. Das heißt: natürlich nicht der Mond, sondern seine lateinische Kollegin – *Luna* (Mond). Denn auf die geht unser Wort *Laune* in der Tat zurück. Sogar ein Verb gab es im Mittelhochdeutschen, das von *Luna* abgeleitet war: *lunen*. Daraus entstand *launen* (in wechselnder Stimmung sein). Dieses Verb ist mittlerweile verschwunden. Geblieben ist uns davon nur das zweite Partizip *gelaunt*.

Lavendel → laben

legal, Legation, legitim → Kollege

liquide

„Im Westen, Osten oder Süden // überleben nur die *Liquiden*" (Erste Allgemeine Verunsicherung), während *Liquidierte* im Überlebenskampf ja in der Regel schon verloren haben. Das zeigt, wie entscheidend doch der Unterschied zwischen *Liquiden* und *Liquidierten* ist – ganz, ganz böse gesagt: der zwischen flüssig und überflüssig. Denn *liquid* (ca. 16 Jh.) ist entlehnt aus *liquidus* (flüssig), dem wiederum das Verb *liquere* (flüssig sein) zuzuordnen ist. Darauf geht auch das Verb *liquidieren* (eine Forderung in Rechnung stellen, ein Geschäft auflösen) zurück, allerdings wie so viele Wörter der Kaufmannssprache über den Umweg über das Italienische: *liquidare* (ins Reine bringen, klarstellen). Noch kurioser mutet der Ursprung von *liquidieren* im Sinne von „jemanden töten, hinrichten" an. In diesem Sinne wurde es erst im 20. Jahrhundert geläufig und man vermutet einen Einfluss des gleichbedeutenden russischen *likvidirovat*.

Luzifer → Teufel

Makel → Makulatur

Makulatur

Wer *Makulatur* redet, der redet weder Tacheles noch Fraktur, sondern schlicht Blech, also Blödsinn, der verschwendet mindestens grob fahrlässig, wenn nicht sogar vorsätzlich, die Lebenszeit seiner Zuhörer. *Makulatur* stammt aus der Sprache des Druckgewerbes und bedeutet so viel wie „schadhaft gewordene oder fehlerhafte Bogen", auch „Fehldruck" oder einfach „Altpapier", jedenfalls etwas mit wenig Wert. „Das ist alles *Makulatur*" meint: „Das ist alles nichts wert / nicht wahr." Zurück geht das Wort auf das mittellateinische *maculatura* (beflecktes, beschädigtes Exemplar), abgeleitet von lateinisch *maculare* (fleckig machen, fleckig sein). Diesem Verb wiederum liegt das Substantiv *macula* (Loch, Fleck, Schandfleck) zugrunde, dem sich auch unsere *Makel* verdanken, aber natürlich auch unsere *Makellosigkeit.*

manus manum lavat

Ob bayerische Amigos, deutscher Filz oder kölscher Klüngel: Man kennt sich, man hilft sich gegenseitig. Und wenn's krumme Geschäfte sind, was soll's? Das muss ja erst mal jemand rauskriegen. Dieses *manus manum lavat* (eine Hand wäscht die andere) findet sich auch schon bei den alten Römern, etwa bei Lucius Annaeus Seneca (4 v. Chr. bis 65 n. Chr.) in der Satire „Apocolocyntosis" oder im Schelmenroman „Satyricon" von Gaius Petronius Arbiter (gestorben 66 n. Chr.). Allerdings musste man damals noch nicht unbedingt krumme Geschäfte vermuten, wenn von *manus manum lavat* die Rede war, es konnte da durchaus noch um die ganz rechtschaffene Beziehung von Leistung und Gegenleistung gehen, etwa im Sinne des Rechtsprinzips → do ut des.

Mauer

Den Germanen war ursprünglich das Bauen mit Steinen und gebranntem Material völlig fremd. Sie lebten in Behausungen aus Flechtwerk (später auch in Holzhäusern). Das kann man an einigen Bezeichnungen des Bauwesens nachvollziehen: So gehört etwa „Wand“ zu „winden“ und heißt also eigentlich „Gewundenes, Geflochtenes“. Auch heute noch werden im Fachwerkbau die Gefache mit Holzflechtwerk (z. B. Weide) armiert, um der eigentlichen Füllung (z. B. Lehm) Halt zu geben. Und das Wort „Zimmer“ bedeutete ursprünglich „Bauholz“ (so heute noch englisch *timber*).

Erst nachdem sich die Römer in West- und Südwestdeutschland festgesetzt hatten, lernten die Germanen urbane römische Bauweisen kennen, so auch das Bauen mit Stein und Gebranntem. Mit den Bauweisen kamen die entsprechenden Wörter. Auf diese Weise reicherte sich das Deutsche mit einer ganzen Reihe von Lehnwörtern aus dem Baubereich an: Estrich, Fenster, Kalk, Kammer, Keller, Mauer, Mörtel, Pfeiler, Pflaster, Pforte, Pfosten, tünchen oder Ziegel.

Das Substantiv *Mauer,* althochdeutsch *mura,* wurde aus lateinisch *murus* (Mauer, Wall) schon ins Germanische entlehnt. Aus dem lateinischen Maskulinum ist dann durch den Einfluss von „(die) Wand“ ein Femininum geworden.

Auch wer beim Skat sein Blatt nicht ausreizt oder sich beim Fußball im und am eigenen Strafraum verschanzt, der *mauert* (wenn auch nur im übertragenen Sinne). Diese Verwendung hat sich wohl entwickelt als Vermischung des wörtlichen, baulichen *Mauerns* mit rotwelsch „maure“ (Furcht, Angst), von jiddisch „mora“.

mausern

Auch das Verb *mausern* hat sich aus einem lateinischen zu einem stattlichen deutschen *gemausert,* ist quasi *mutiert.* Das Verb *mausern* ist eine Weiterbildung des 18. Jahrhunderts zu dem im Neuhochdeutschen verschwundenen Verb *mausen* (mit gleicher Bedeutung, althochdeutsch *muzon*), das aus lateinisch *mutare* (von der Stelle bewegen, ändern, wechseln, verwandeln) entlehnt wurde, etwa *pennas mutare* (die Federn wechseln).

Das lateinische Verb ist unter Deutschsprechenden verbreitet bekannt geworden über das Hauff-Märchen Kalif Storch, in dem sich Chasid, der Kalif von Bagdad, und sein Großwesir Mansur in Störche verwandeln können, und zwar mithilfe der Zauberformel *mutabor* (ich werde verwandelt werden), der ersten Person Futur I Passiv Indikativ.
Und auch das Fremdwort *mutieren* geht, was so wahnsinnig überraschend nicht ist, auf *mutare* zurück, und ist daraus im 14. Jahrhundert entstanden.

mens sana in corpore sano

Die Behauptung, dass *mens sana in corpore sano* (ein gesunder Geist in einem gesunden Körper) steckt, kam der Turnbewegung des 19. Jahrhunderts natürlich sehr zupass. Darum verbreiteten die Turnbewegten sie auch so überaus eifrig. Allerdings unterschlugen sie dabei geflissentlich das „sit" des lateinischen Originals. Der römische Satiriker Juvenal, genauer: Decimus Iunius Iuvenalis (um 60 – um 128 n. Chr.), spottete über das ganze Zeug, um das die Menschen die Götter bitten, als ob die nichts Besseres zu tun hätten, als sich den ganzen Tag um Kleinkram zu kümmern. Er forderte mehr fatalistische Ergebung und ließ allenfalls eine Bitte an die Götter durchgehen: „Orandum est, ut sit mens sana in corpore sano" (Man kann darum bitten, dass ein gesunder Geist in einem gesunden Körper sei). Das heißt: Bei Juvenal ging es um einen frommen Wunsch, nicht um eine Tatsachenbehauptung.

mental

„Die Lüge ist göttlich und nicht die Wahrheit!" (Friedrich Nietzsche). Sicher aber ist sie menschlich, allzu menschlich – die Lüge. Und es braucht eine Menge Geist, um gekonnt zu lügen. Vielleicht liegt das dem Verhältnis von *mentiri* und *mens* im Lateinischen zugrunde. Denn *mentiri* heißt „lügen, fabulieren, sich etwas ausdenken" und ist von *mens* (Geist) abgeleitet. Und *mentalis* (vorgestellt, ausgedacht, geistig) ist das entsprechende, allerdings erst im Mittellateinischen auftretende Adjektiv, dem wir unser Wort *mental* (Ende des 18. Jh.) verdanken. Dem Substantiv *Mentalität* muss man wohl das englische *mentality* als Vorbild zuordnen. Übrigens überhaupt nicht hierher gehört der „Mentor", den man sich vielleicht als „Lügner" denken könnte (das ist aber *mendax*), der aber auf den Personennamen „Mentor" zurückgeht, den Kumpel des Odysseus, den väterlichen Freund und Lehrer dessen Sohnes Telemach.

Dagegen ist *dement* bzw. *Demenz* durchaus auf *mens* zu beziehen, wobei die hinzugefügte Präposition *de* (von ... weg) darauf verweist, dass hier von Geist gerade nicht die Rede sein kann, da im Laufe der Zeit entschwunden. Zugrunde liegen *demens* (unvernünftig, wahnsinnig) bzw. *dementia* (das Nicht-bei-Sinnen-Sein, Narrheit).

Mercedes → audio-

metzeln

Das Metzeln mussten die alten Germanen nicht erst von den Römern lernen. Daher taucht das aus mittellateinisch *macellare* (schlachten) entlehnte Verb auch erst im 15. Jahrhundert auf und hier zunächst auch nur in der Bedeutung „schlachten". Diese Bedeutung verschob sich ab dem 16. Jahrhundert hin zu der uns geläufigen „blutig niedermachen". Zu beziehen ist *macellare* auf lateinisch *macellum* (Fleisch-, Gemüsemarkt, Fleisch). Dieses Wort hatten die Römer selbst schon aus griechisch *mákellon* (Gehege, Gitter, Marktplatz) entlehnt, aber es weist noch weiter zurück, und zwar auf hebräisch *mikela* (Zaun, Hürde).

Metzger

Auch wenn der *Metzger* schon irgendwie *metzelt*, sind die beiden Wörter nicht verwandt. Denn anders als *metzeln* geht *Metzger* wohl auf mittellateinisch *matiarius* (Fleischer, der Würste herstellt; Darmhändler) zurück, das wiederum zu lateinisch *matia, mattea* (Darm, Wurst, köstliche Speise, Leckerbissen) gehört. Diese Delikatesse hatten die Römer allerdings zuvor von den Griechen übernommen, nämlich von griechisch *mattýe* (Geknetetes, Leckerbissen).

Minister → Ministrant

Ministrant

„Haben Sie überhaupt gedient?", wird ja heutzutage nur noch selten gefragt, um sicherzustellen, dass ein Pendant ernst zu nehmen, gegebenenfalls überhaupt satisfaktionsfähig ist. Zu dienen (lateinisch *ministrare*) scheint ja auch etwas aus der Mode gekommen zu sein. Allenfalls ist noch das Messdienen zu nennen. Und hier redet man ja auch lateinisch verwurzelt vom *ministrieren* und vom *Ministranten.* Der *Ministrant* hat sich aus dem Partizip Präsens Aktiv von *ministrare,* nämlich *ministrans* (dienend) entwickelt. Ob im oft beklagten Ökonomie-Politik-Juristerei-Kontinuum dagegen die *Minister* (im 17. Jh. über das französische *ministre* ins Deutsche gelangt) wirklich dem Staat oder gar dem Volk dienen (oder doch ganz anderen Kräften), bleibe dahingestellt.

Den *Ministerialen* (Angehörigen des Dienstadels im Mittelalter bzw. Angehörige eines Ministeriums) und *ministerial* (den Staatsdienst betreffend, zur Staatsregierung gehörig) verdanken wir nicht klassischem Latein, sondern dem mittellateinischen *ministerialis,* aus dem dann die spätlateinischen *ministeriales* (kaiserlichen Beamten) wurden.

Minute

„Was man von der *Minute* ausgeschlagen, gibt keine Ewigkeit zurück", klagte Friedrich Schiller so vor sich hin. Was waren das für Zeiten, als man der ziemlich großen Zeiteinheit Ewigkeit als

kleine noch die *Minute* gegenüberstellte? Heute erscheint ja in vielen Zusammenhängen schon die *Sekunde* die eine oder andere Ewigkeit zu dauern. Um so mehr kann es einem dann natürlich vorkommen, als wäre es schon eine Ewigkeit her, dass die Wörter *Minute* und *Sekunde* aus dem Lateinischen zu uns gefunden haben. Dabei sind im Grunde sowohl *Minute* als auch *Sekunde* was ganz Kurzes respektive Verkürztes: Denn *Minute* leitet sich als Verkürzung ab von *pars minuta prima* (der erste verminderte Teil) und Sekunde von *pars minuta secunda* (zweiter verminderter Teil). Ganz witzig, dass der *Minute minuta* und nicht *prima* Pate stand wie *secunda* der *Sekunde.* Was genau steckt in diesen lateinischen Ausdrücken drin? Nun: Das Substantiv *pars* (Teil) steckt drin, das Partizip Perfekt Passiv von *minuere* (vermindern), *minutum* (vermindert) und die Ordnungszahl *prima* (die Erste, weil *pars* im Lateinischen ein Femininum ist) bzw. die Ordnungszahl *secunda* (die Zweite). Vermindert wird hier als Erstes die Stunde, indem man sie in 60 *Minuten* aufteilt, und als Zweites die *Minute,* indem man sie in 60 *Sekunden* aufteilt.
(Die tolle Idee, die Zeiteinheiten nach einem 60er-System zu unterteilen, hatte der Starastronom Ptolemäus, der etwa zwischen 100 und 160 n. Chr. im hellenistischen Ägypten durch die Röhre in die Sterne kuckte.)

Modus vivendi → in vitro

Moratorium

Wenn man etwas auf die lange Bank schiebt, spricht man gern, weil es etwas edler und überlegter klingt, von einem *Moratorium* (man denke etwa an das berüchtigte *Kernkraftwerksmoratorium,* das Kanzlerin Angela Merkel nach dem Desaster von Fukushima im März 2011 verkündete). Das Fremdwort *Moratorium* ist eine Neubildung des 17. Jahrhunderts aus dem lateinischen Adjektiv *moratorius* (verzögernd). Das Adjektiv gehört zum Verb *morari* (verweilen, sich aufhalten), das wiederum auf das Substantiv *mora* (Verzug, Verzögerung) zurückgeht.

Mörser

Ziemlich aufreibend muss ja der Alltag eines *Mörsers* sein. So ein wenig zerrieben wurde auch das lateinische Substantiv *mortarium* (Mörser), bis es über althochdeutsch *morsari, morsati* und mittelhochdeutsch *morsaere, morser* zu unserem *Mörser* wurde. Eher aufgerieben ist dagegen der Inhalt des *Mörsers*, etwa der Kalk, den man zu *Mörtel* verarbeitete. So geht der im 11. Jahrhundert entlehnte *Mörtel* (mittelhochdeutsch *mortel, morter*) auch auf das gleiche lateinische Wort zurück wie *Mörser*, nämlich auf *mortarium*.

Mörtel → Mörser

Most

Ob der Bartel den *Most* schon bei den alten Römern geholt hat, ist nicht überliefert. Aber das Wort *Most* hat ganz sicher lateinische Ursprünge. Es ist schon im Germanischen geläufig und abgeleitet aus *vinum mustum* (junger Wein), aus *vinum* (Wein) und *mustus* (jung). Darauf ist auch das französische *moutarde* zurückzuführen und das altfranzösische *mostarde*, woraus wiederum das nordwestdeutsche *Mostert* und das nordostdeutsche *Mostrich* entlehnt worden sind.
Übrigens auch die standarddeutsche Variante von *Mostert* und *Mostrich*, ihren *Senf* nämlich, haben die alten Römer uns schon im 9. Jahrhundert ganz wörtlich dazugegeben. Mit *Senf* (mittelhochdeutsch *sen[e]f*, althochdeutsch *senef*) werden zunächst ganz unterschiedliche zu den Kreuzblütlern zählende Kulturpflanzen bezeichnet, später dann die bekannte Gewürzzubereitung, welche die Germanen von den Römern übernommen hatten – und mit ihr auch das entsprechende Wort.

Allerdings ist das Wort *Senf* hier nicht ganz berechtigt aufgeführt. Denn es geht zwar auf lateinisch *sinapi* zurück, das aber ist ursprünglich gar nicht lateinisch, sondern war von den Römern schon aus dem Griechischen übernommen worden und weist vielleicht sogar bis ins Ägyptische.

Murmeltier

Dass man von einem *Murmeltier* eher ein diskretes Gemurmel als einen Pfiff erwarten würde, beruht auf einem Missverständnis. Zurück geht das Bestimmungswort *Murmel-* nämlich auf lateinisch *murem montis* (Bergmaus, Nominativ: *mus montis*), aus dem es – wahrscheinlich über eine Alpensprache vermittelt – im 9. Jahrhundert entlehnt wurde (althochdeutsch *murmunto, murmuntin*). Das nicht recht verstandene althochdeutsche Wort wurde im Laufe der Zeit nach dem Verb *murmeln* volksetymologisch umgestaltet

Muschel

„Und wenn die Sonne scheint und wenn et Sonntach is, // dann merkse e(a)s, datte Mensch gebliebn bis. // Und wenn et dunkel is und dich dein Mäusken beißt, // dann weiße e(a)s, wat lebn heißt." (Erwin „Ährwin" Weiss) Ja, was so alles als Mäusken durchgeht ..., nicht nur des Sängers Perle, sogar unsere *Muskeln:* Denn das Wort *Muskel* wurde im 18. Jahrhundert aus lateinisch *musculus* (Mäusken, pardon: Mäuschen), der Verkleinerungsform von *mus* (Maus), entlehnt – vielleicht hat man da eine Ähnlichkeit zwischen einem zuckenden *Muskel* und einer huschenden Maus gesehen.
Aber auch die *Muschel* ist sprachlich gesehen ein Mäuschen. Denn Muschel wurde bereits im 9. Jahrhundert, althochdeutsch *muscula,* aus vulgärlateinisch *muscula* entlehnt, das lateinisch *musculus* (Mäuschen, Miesmuschel) entspricht. Die schon lateinische Übertragung von *mus* (Maus) auf *musculus* (Muschel) verdankt sich wohl einer Ähnlichkeit in Form und Farbe.

Muskel → Muschel

mutieren → mausern

Nation → Natur

Natur

Zurück zur *Natur* (retour à la *nature*), wie es der französisch-schweizerische Publizist Jean-Jacques Rousseau (1712–1778) gefordert haben soll, können wir uns hier ausnahmsweise mal ganz leicht wenden. Denn wir beschäftigen uns ja lediglich mit dem Wort und das geht auf lateinisch *natura* (Geburt, natürliches Entstehen) zurück. Das Substantiv *natura* wiederum ist auf das Partizip Perfekt Passiv *natum* (geboren, entstanden) des Verbs *nasci* (geboren werden, entstehen) zu beziehen. Es ist schon in althochdeutscher Zeit, etwa im 9. Jahrhundert, entlehnt worden. Ein anderes Substantiv, das zu *nasci* gehört, ist lateinisch *natio* (Geborenwerden, Geschlecht, Stamm). Gemeint ist also die Gemeinschaft durch Geburt im gleichen Lebensraum zusammengewachsener Menschen. So wurde das seit dem 14. Jahrhundert belegte Fremdwort *Nation* auch zunächst verwendet, bevor es seit dem 18. Jahrhundert politisch definiert wurde, und zwar sehr unterschiedlich.

noli turbare circulos meos!

Weltfern, zerstreut und selbstversunken, so will das Klischee den eifrigen Wissenschaftler und verrückten Professor. Und ebendiese gelehrte Tüdeligkeit schreibt die Legende dem griechischen Naturwissenschaftler und Mathematiker Archimedes (285–212 v. Chr.) zu. Als römische Soldaten seine Heimatstadt Syrakus während des Zweiten Punischen Krieges erorberten und in sein Haus eindrangen, soll er, kurz bevor er umgelegt wurde, noch ganz in seine geometrischen Forschungen versunken, gerufen haben: *Noli turbare circulos meos!* (Zerstöre meine Kreise nicht!), um zu verhindern, dass die geometrischen Figuren zerstört würden, die er vor sich in den Sand gezeichnet hatte. (Konnte Archimedes Latein?) Hm ... Und in Wirklichkeit? Wie die meisten Wissenschaftler war Archimedes alles andere als weltfremd. Vielmehr suchte er seine Fähigkeiten durchaus weltlich, das heißt technisch zu nutzen, und gerade bei der Verteidigung von Syrakus hatte Archimedes den Römern durch seine trickreichen Kriegsmaschinen das Angreifen ganz schön sauer gemacht (davon wusste der römische Geschichtsschreiber Livius – halb bewundernd – zu berichten). Und gerade solch ein Kriegsgerätekonstrukteur soll versonnen im Sand gemalt haben, als die feindlichen Soldaten die Stadt stürmten?

non scholae, sed vitae discimus

Dass einem die Pauker bisweilen das Wort im Munde herumdrehen, daran kann man sich ja noch schwach erinnern. Dass sie's aber auch mit den hehren Worten der lateinischen Klassiker getan haben, das ist schon fast dreist, oder? Ein schönes Beispiel dafür ist der Umgang mit Senecas (4 v. Chr. bis 65 n. Chr.) Kritik an den lebensfernen Philosophenschulen seiner Zeit. In einem Brief an seinen Freund Lucilius macht er sich über diese Schulen lustig: „Non vitae, sed scholae discimus" (Nicht für das Leben, sondern für die Schule lernen wir). Beleidigte Pädagogen haben das kurzerhand umgedreht und die Lüge auf den Pforten ungezählter Gymnasien verewigt: *Non scholae, sed vitae discimus* (Nicht für die Schule, sondern fürs Leben lernen wir).

nuda veritas

Zum Freundeskreis um Horaz und Vergil zählte auch Quintilius. Nach dessen Tod schrieb Horaz (65–8 v. Chr.) in seiner Totenklage: „Ergo Quintilium perpetuus sopor // urget; cui Pudor et Iustitiae soror, // incorrupta Fides, nudaque Veritas // quando ullum inveniet parem?“ (Also bedrängt den Quintilian ewiger Schlaf; wann je wird die Scheu und die Schwester der Gerechtigkeit, die ungebrochene Treue, und die nackte Wahrheit irgendeinen ihm Gleichen finden?). Dies scheint der Ursprung der geläufigen Wendung *nuda veritas* (die nackte Wahrheit) zu sein.

Nukleus

Wenn für Unternehmen wie das mittlerweile eher berüchtigte Tepco Kernreaktoren vor allem ein Kerngeschäft sind, für das Sicherheitsaspekte renditeschmälernde Faktoren darstellen, kann es ja für uns alle sehr, sehr unangenehm werden. Das zumindest hat die Kernschmelze in Fukushima 2011 dramatisch vor Augen geführt. Für viele Menschen ist die *Nuklear*energie per se unsicher. Um vieles unsicherer noch sei sie, wenn die Spaltung der *Nuklei* gar als bevorzugte Form der Energiegewinnung staatlich protegiert und eine herrschaftsfreie Sicherheitsdiskussion so verunmöglicht werde. Dann drohe eine *Nukleokratie,* eine „(Atom-)Kernherrschaft“ (*l'état nucleocrate,* wie das in französischen Medien so treffend heißt).

Der Kern von *Nukleokratie* ist der lateinische *nucleus* (eigentlich nur: Fruchtkern, etwa auch: *nucleus allii* – Knoblauchzehe). Unser *Nukleus* (seit dem 19. Jh.) hat dagegen nur noch wenig mit Früchten zu tun. Wir verwenden *Nukleus* in diversen Fachsprachen, etwa in der Biologie für den Zellkern, in der Physiologie für den Nervenkern, in der Prähistorie für den Feuersteinblock, der übrig geblieben ist, nachdem von ihm verschiedene Abschläge (Klingen, Schaber etc.) gewonnen worden waren, oder in der Sprachwissenschaft für das Kernglied einer sprachlich zusammengehörenden Einheit. Auch in der *DNS* steckt ein Kern, ein *Nukleus:* Desoxyribo*nukle*insäure (die Nukleinsäure findet sich halt vor allem im Zellkern). Dass der lateinische Fruchtkern auch für den Atomkern herhalten muss (*nuklear, Nuklearwaffen, Nuklearphysik, Nuklearmedizin* etc.), ist erst seit dem 20. Jahrhundert so und hat seinen Ursprung im amerikanischen *nuclear,* was natürlich auch auf das lateinische *nucleus* zurückgeht. Das wiederum ist zu beziehen auf *nux* (Nuss).

null

Wenngleich es vermutlich im Imperium Romanum auch nicht weniger Nieten und *Nullen* gab als sonst üblich, hatten die Römer doch kein Wort für die Zahl *null.* Das war in der ganzen Antike so und hielt sich im Abendland bis in die Neuzeit hinein. Nach Euklids Definition der Zahl als der aus Einheiten zusammengesetzten Menge blieb da einfach keine Funktion für *null* übrig. Während man in der indischen Mathematik bereits seit dem 6. Jahrhundert mit *null* rechnete, trifft man in Europa erst um 1300 auf Rechnungen mit *null,* etwa bei Leonardo Fibonacci (das ist der mit der berühmten Fibonacci-Folge: $a_{n+2} = a_{n+1} + a_n$, mit $a_o = a_1 = 1$ und $n \geq 0$, also: 1, 1, 2, 3, 5, 8, 13 ...). Als Ziffer in Stellenwertsystemen aber, also zur Kennzeichnung eines nicht bestehenden Stellenwertes (1000, 10003, 2044008 oder Ähnliches), ist so etwas wie *null* bereits im babylonischen Sexagesimalsystem bekannt. Claudius Ptolemäus führte für solch einen nicht vorhandenen Stellenwert das Zeichen „0“ ein – vielleicht von griechisch „oudén“ (nichts).

Das ist freilich immer noch kein Wort. Woher nehmen? Vielleicht aus dem Arabischen? Die Araber übersetzten das altindische *sunya* (leer, null) mit „as-sifr“. Das bedeutet „Leere“ und wurde auch als *null* verwendet. Von daher stammt über altfranzösisch „cifre“ (Null) und mittellateinisch „cifra“ (Null) unser Wort „Ziffer“, das tatsächlich zunächst für *null* stand, dann aber im 15. Jahrhundert eine Begriffsverschiebung erfuhr: Im Italienischen übernahm nämlich das Wort *nulla* (nichts) die Bedeutung von „cifra“, das bis dahin *Null* bedeutet hatte und nun seinerseits eine andere Bedeutung bekam, nämlich die, die bis dahin „figura“ innehatte, nämlich die Bedeutung „Zahlzeichen“. Dieser Entwicklung folgte man im Deutschen. Das Wort „Ziffer“ verlor die Bedeutung *Null* und steht seither für „Zahlzeichen“ und die *Null* halt für nichts, pardon: für *null.* So haben wir die *Null* über das Italienische aus dem Lateinischen, obwohl es sie dort gar nicht gab.

Objekt

Ob Rendite-, Kunst-, ob Lust*objekt* oder doch nur unbekanntes Flug*objekt:* Wir bekommen ja so etliches vorgesetzt. Und nichts anderes ist ein *Objekt:* „das [den Sinnen, dem Verstand] Vorgesetzte“. Es ist (im 14. Jh.) entlehnt aus dem mittellateinischen substantivierten Partizip Perfekt Passiv *objectum* (Entgegengeworfenes, Vorgesetztes) und das aus lateinisch *obiectum.* Das zugrunde liegende Verb ist *obicere* (entgegenwerfen): aus der Präposition *ob* (gegen ... hin) und *iacere* (werfen). Das mittellateinische *objectum* ist eine Lehnübersetzung des griechischen Terminus „antikeimenon“ (das dem Zugrundeliegenden Gegenüberstehende, → Subjekt).

ojemine → herrjemine

okkult → Keller

Okzident

Das mit dem Untergang des Abendlandes will irgendwie nicht so recht klappen. Immer wieder muss der Untergang verschoben werden. Doch gilt das für den *Okzident* nicht in ganz gleicher Weise. Zumindest wird das Wort *Okzident* (Abendland) viel, viel seltener verwendet als das Wort „Abendland“ oder sein Pendant „Orient“. Entlehnt wurde *Okzident* im 13. Jahrhundert aus *sol occidens* (die untergehende Sonne) bzw. *in occidente sole* (in Richtung der untergehenden Sonne). Darin stecken *sol* (Sonne) und das Partizip Präsens Aktiv *occidens* (untergehend) des Verbs *occidere*

(niederfallen, umkommen, untergehen), aus der Präposition *ob* (nach ... hin) und dem Verb *cadere* (fallen, sinken).
Noch seltener als *Okzident* wird das vom lateinischen *occidentalis* (abendlich, westlich) im 18. Jahrhundert abgeleitete Adjektiv *okzidentalisch* verwendet.

operieren → opfern

opfern

„G'folgt sans ihm tapfer, // oba da Berg, der wüll sei *Opfer*" (aus dem Wolfgang-Ambros-Lied „Da Berg"). Und nicht nur der Watzmann will sein *Opfer:* Viele Gottheiten, so wird ihnen jedenfalls von manchen Menschen unterstellt, wollen auch ihre *Opfer.* So überrascht es nicht, dass das Verb *opfern* aus der Kirchensprache stammt. Über althochdeutsch *opfaron* wurde es früh aus lateinisch *operari* (tätig sein, eine religiöse Handlung ausführen, Almosen spenden, einer Gottheit durch Opfer dienen) entlehnt. Schon ziemlich früh wurde aus dem Verb auch das entsprechende Substantiv gebildet: althochdeutsch *opfar,* heute: *Opfer.*
Von *operari* wurde im 16. Jahrhundert auch das Fremdwort *operieren* abgeleitet, das zunächst in der allgemeinen Bedeutung „verfahren, handeln" verwendet wurde, aber auch bald schon in der medizinischen Fachsprache die zusätzliche Bedeutung „chirurgisch eingreifen" gewann. Das Verb *operari* gehört zu den Substantiven *opera* (Arbeit, Mühe, Tagewerk) und *opus* (Arbeit, Beschäftigung, Werk).

Opportunist

In der Antike hätte allenfalls ein Hafen ein *Opportunist* sein können. Und wenn er's dann tatsächlich gewesen wäre, ein *Opportunist,* dann hätte er durchaus in keinem zweifelhaften Rufe gestanden, sondern in einem ausgezeichneten. Denn das lateinische Adjektiv *opportunus* (günstig gelegen, günstig, geeignet, dienlich), aus dem im 17. Jahrhundert unser Fremdwort *opportun* entlehnt wurde, heißt ganz wörtlich so viel wie „für die Einfahrt in den Hafen günstig". Es setzt sich zusammen aus *ob* (gegen ... hin) und *portus* (Hafen), das wiederum auf *porta* (Tor, Tür) zu beziehen ist.

ora et labora

Die „Tatios veteres durosque Sabinos" (alten Tatier und rauen Sabiner), so stellt Properz die Sabiner vor. Sie galten den Römern nicht nur als besonders rau, sondern auch als sittenstreng. Und Benedikt, der in Nursia auf dem Monte Cassino im 6. Jahrhundert einen Orden gegründet hatte, war ein Sabiner – also entsprechend streng. Schon die Bezeichnung „Abt", die über kirchenlateinisch „abbas" über spätgriechisch „abbas" auf aramäisch „aba" (Vater) zurückgeht, gibt einen Hinweis auf den konservativen, patriarchalischen Charakter der Mönchsgemeinde, die von einem unhinterfragten Übervater geleitet wurde. Streng daher auch die Ordensregel der Benediktiner (Regula Benedicti): Abkehr vom weltlichen Leben, Streben nach Vollkommenheit (conversatio morum), Eigentumslosigkeit, Keuschheit, absoluter Gehorsam (oboedientia) und Sesshaftigkeit im Kloster (stabilitas loci) gehörten dazu ebenso wie eben der Imperativ: *ora et labora!* (bete und arbeite!).

Orient

„Da staunt der vordere *Orient,* // da staunt der hintere *Orient,* // da staunt ein jeder, der sie kennt" (Bill Ramsey), sie, die Zuckerpuppe aus der Bauchtanztruppe. Und ganz egal, ob da nun der vordere oder der hintere Orient staunt, beide staunen jedenfalls östlich von uns – da, wo für uns die Sonne aufgeht. Und genau darum geht's dann auch beim *Orient,* dem Morgenland; darum nämlich, wo die Sonne aufgeht – im Osten halt. Abgeleitet ist *Orient* von *sol oriens* (die aufgehende Sonne) bzw. von *in oriente*

sole (in Richtung der aufgehenden Sonne). Das Wort ist schon seit dem 12. Jahrhundert als Bezeichnung für die Länder des Nahen und Mittleren Ostens geläufig. Beteiligt sind die Präposition *in* (in, gegen, in Richtung), das Substantiv *sol* (Sonne) und *oriens/oriente,* das Partizip Präsens Aktiv von *oriri* (sich erheben, aufgehen). Und schon die Lateiner verwandten das Adjektiv *orientalis* (aus dem Morgenland stammend, morgenländisch) wie wir *orientalisch.*
Darauf geht auch *sich orientieren* zurück (als Verallgemeinerung von „die Position nach der aufgehenden Sonne bestimmen"); dieses Verb gelangte aber erst im 18. Jahrhundert übers Französische ins Deutsche.

Pacht → Pfahl

pacta sunt servanda
Sehr gern und häufig zitiert wird ja der Rechtsgrundsatz: *pacta sunt servanda* (Verträge sind einzuhalten). Allerdings ist er nicht mit Sicherheit auf einen bestimmten Autor zurückzuführen. Manchmal wird auf den römischen Juristen Domitius Ulpianus (um 170 bis 223) verwiesen, der sich in etlichen Kommentaren in solchem Sinne zur Rechtskraft von Verträgen und Vereinbarungen äußert. Etwas realistischer hatte Kaiser Vespasian da gut 100 Jahre früher räsoniert, indem er weniger die Verträge als vielmehr die Vertragschließenden als entscheidend ansah: „Ibi fas, ubi proxima merces" (Das Recht ist da, wo das nächste Einkommen ist = Wo die Kohle ist, ist auch das Recht).

Pakt → Pfahl

Palast → Pfalz

panem et circenses

Es gehört zum professionellen Repertoire eines Satirikers, auf der Kante zu formulieren und die gesellschaftlichen Verhältnisse in zugespitzten Wendungen treffend zu beschreiben. Gar nicht so selten gleitet er dabei in den Zynismus ab. Wenn man den Zyniker als enttäuschten Moralisten ansehen darf, wird man als ein ziemlich typisches Beispiel für die Zunft den römischen Satiriker Juvenal, Decimus Iunius Iuvenalis (um 60 bis um 128), ins Feld führen können. Seine Formulierungen waren oft so auf den Punkt gebracht, oft auch zynisch, dass sie sich bis heute in diversen Sprachen der Welt gehalten haben, bisweilen sogar auf Lateinisch. Dazu zählt eben auch die Wendung *panem et circenses* (Brot und Spiele), die bei uns deutsch wie lateinisch fast gleich geläufig ist. Sagen wollte Juvenal damit – wenig schmeichelhaft –, dass es nicht mehr braucht als Brot und Spiele, um das blöde Volk zufriedenzustellen. Heutzutage reduziert sich das wohl im Blick auf Sport, Eventkultur, Massenmedien etc. auf *circenses* (Spiele). Das *panem* (in einem etwas weiteren Sinne) hinreichend bereitzustellen, schafft man ja selbst in den Industriegesellschaften nicht mehr so recht.

Pech

„Erst hatten wir kein Glück, dann kam noch *Pech* hinzu" (Jürgen „Kobra" Wegmann vom FC Bayern München), und zwar etwa im 9. Jahrhundert (althochdeutsch *beh, peh*), da wurde das Wort, nicht die Sache, aus lateinisch *pix,* Genitiv: *picis* (Pech), entlehnt. Zunächst war natürlich das klebrige schwarze Zeug gemeint. Die übertragene Bedeutung kam viel, viel später hinzu, im 18. Jahrhundert nämlich.

pecunia non olet

„Es ist vom Volksmund eine Linke, // dass das Geld gar übel stinke. // Wahr ist vielmehr: Ohne Zaster // beißt der Mensch ins

Straßenpflaster." Diese Versicherung der Ersten Allgemeinen Verunsicherung verunsichert sicher so manchen alten Lateiner, weiß er doch eher von nicht stinkendem Geld als von stinkendem und davon, dass der Spruch keineswegs dem Volksmund entspringt, sondern dem Munde Kaiser Vespasians (was aber auch nicht so ganz richtig ist). Vespasian regierte zehn Jahre (69–79 n. Chr.) und hatte in dieser Zeit alle Hände voll zu tun, den Staatshaushalt zu sanieren, den Nero mit großem Fleiß zum Zusammenbruch geführt hatte. Dabei setzte er auf eiserne Sparsamkeit und neue Einnahmemöglichkeiten, wo immer sie sich boten, aber auch da, wo sie sich nicht boten. So führte er auch eine Abgabe ein, die Walkern und Gerbern auferlegt wurde, wenn sie Urin aus öffentlichen Toiletten für ihr Geschäft nutzten: die vectigal urinae (Urinsteuer). Seinem Sohn und späteren Nachfolger Titus soll das „anrüchig" erschienen sein. Daraufhin habe Vespasian seinem Filius ein so erworbenes Geldstück unter die Nase gehalten und gefragt, ob es denn röche. Als dieser dies verneinte, habe Vespasian zu bedenken gegeben: „Und dennoch ist es aus Urin."

Berühmt geworden ist dies in der Formulierung: *pecunia non olet* (Geld stinkt nicht), die zwar so für Vespasian nicht belegt ist, aber schon bei Cicero vorkommt.

Pegel

Was die Herkunft von Wörtern angeht, hat sich wohl jeder schon mal ordentlich *verpeilt.* Oder liegt es etwa unmittelbar auf der Hand, dass *Pegel* und *peilen* lateinischen Ursprungs sind? Und sie sind es ja vielleicht auch gar nicht. Eine Vermutung aber ist, dass das mittellateinische *pagella* (Maßstab) *Pegel* Pate gestanden habe. Das zugrunde liegende lateinische *pagella* (Seite) ist eine Verkleinerungsform von *pagina* (Blatt, Seite). Und *pagina* wiederum ist auf *pangere* (befestigen, aneinanderfügen) zu beziehen.

Das Verb *peilen* ist von *Pegel* abgeleitet und wurde im 18. Jahrhundert aus dem Niederdeutsch-Niederländischen übernommen. Auch das Verb *picheln* bezieht sich auf *Pegel,* und zwar im Sinne von Volumeneichzeichen an Trinkgefäßen, und darauf, dass man bei ordentlichen Gelagen halt nach *Pegeln* trank.

peilen → Pegel

Pein

Das Substantiv *Pein* für ein sehr ausgeprägtes Unbehagen (Schmerz) ist heutzutage nicht mehr wirklich gebräuchlich, das Adjektiv *peinlich* aber durchaus – obwohl ja immer wieder beklagt wird, dass einer wachsenden Anzahl von Menschen gar nichts mehr *peinlich* sei, zum Beispiel in den Medien, wo es „*peinliche* Befragungen" gebe in einem etwas anderen Sinne als dem der heiligen Inquisition (da war es eine Befragung unter Folter). *Pein* geht über das mittelhochdeutsche *pine* und das althochdeutsche *pina* (Strafe, Qual) über das mittellateinische *pena* ([Höllen-] Strafe) auf das lateinische *poena* zurück. Das lateinische Wort wiederum ist auf das griechische *poine* zu beziehen, das so etwas ausdrückt wie die Ausgleichsleistung für eine Blutschuld. Im Lateinischen hatte es daher zunächst die Bedeutung von Ersatz(-Leistung), Rache und später allgemein von Strafe und schließlich auch die übertragene Bedeutung von Schmerz, Leid (Metonymie: Übertragung von Ursache auf Wirkung). Auf *poena* zurückzuführen sind auch *peinigen* und *penibel* (über das Französische) und *verpönt,* ein zum Adjektiv geronnenes Partizip des veralteten Verbs *verpönen* (bei Strafe verbieten).
Das Adjektiv *pingelig* (peinlich genau) ist eigentlich die rheinische Version von *peinlich* und abgeleitet von *Ping* (Schmerz): „... durch Pille bes de dann befreit, jäjen Stress un all ding Ping" (Bläck Fööss: Dr. Pillemann). Das Rheinland zeichnet ja eh die historisch bedingte Verwobenheit mit römischer Kultur aus.

peinlich → Pein

Pelz → Pelle

penibel → Pein

Penis

„Schwanzgesteuert“ kann ja völlig Verschiedenes bedeuten, je nachdem, ob man das Prädikat auf einen männlichen Vertreter der Spezies Homo sapiens bezieht oder aber auf ein Flughörnchen, zum Beispiel auf das Gewöhnliche Gleithörnchen (Pteromys volans). Natürlich ist in beiden Fällen ein anderes Körperglied gemeint und beim Homo sapiens redet man gern durchaus verhüllend und distanziert, allerdings erst seit dem 19. Jahrhundert, vom *Penis.* Ursprung ist der lateinische *penis,* mit dem zunächst einmal „Schwanz, Schweif“ gemeint ist, aber im übertragenen Sinne auch im Lateinischen schon das männliche Glied bezeichnet wird. Auch unser Lehnwort *Pinsel* geht letztlich auf *penis* zurück. Das mittelhochdeutsche *bensel, pinsel* ist über das altfranzösische *pincel* auf das vulgärlateinische *penicellus* zu beziehen, das für das lateinische *penicillus* (Pinsel) steht. Das wiederum ist eine Bildung zur lateinischen Verkleinerungsform von *penis,* nämlich *peniculus* (Schwänzchen, Bürste, Pinsel).

Pension → spenden

Pensum → spenden

per aspera ad astra

Der zwar blutrünstigen, aber vergleichsweise untragischen Tragödie „Hercules furens“ (Der rasende Herkules) des römischen Dichters und Doppelmoralisten Lucius Annaeus Seneca (4 v. Chr. bis 65 n. Chr.) wird meist unterstellt, das Vorbild für die lateinische Wendung *per aspera ad astra* (über das Raue/Harte/Bittere zu den Sternen = auf rauen Wegen zum Erfolg/Glück) geliefert zu haben. Denn dort heißt es: „Non est ad astra mollis e terris via" (Es gibt keinen bequemen Weg von der Erde zu den Sternen). Als Leitspruch ist *per aspera ad astra* ungemein beliebt: Er findet sich im Wappen von Mecklenburg-Schwerin und auf dem Mecklenburgischen Orden der Wendischen Krone (wobei die im 19. Jahrhundert in Mecklenburg gefundenen Schmuckstücke weder wendisch noch Kronen waren, was aber vielleicht dem, der den Orden angeheftet bekam, egal sein konnte), auf dem lettischen Drei-Sterne-Orden, auf dem Stadtwappen von Gouda, er gilt als Motto der deutschen Fallschirmjägertruppe, des US-Bundesstaates Kansas, sogar der Sternenflotte in der Kultserie Star Trek und, und, und.

Person

Wer wollte leugnen, dass einem hier und da *Personen* begegnen, bei denen sich der Begriff Charaktermaske geradezu aufdrängt. Maske ist auch gar nicht schlecht. Denn das Wort *Person* wurde im 13. Jahrhundert vom lateinischen *persona* abgeleitet, und das Wort heißt nichts anderes als Maske. Gemeint ist die Maske des Schauspielers im römischen Theater, mit der klargestellt wird, was für eine Rolle er gerade spielt, dann die Rolle selbst und schließlich im übertragenen Sinne so etwas wie Charakter.

Das lateinische Wort ist allerdings seinerseits schon entlehnt, und zwar aus etruskisch *phersu* (Maske) – womit wir bei den Etruskern in der Gegend, die heute Toskana heißt, angelangt sind. Die neue Zivilisation, die im 8. vorchristlichen Jahrhundert in der Toskana auftauchte, stand in engem Kontakt mit Latium und Rom. Nachdem sich die Etrusker in der zweiten Hälfte des 7. Jahrhunderts in Falerii niedergelassen hatten, unterwarfen sie einen großen Teil von Latium einschließlich Roms. Dort herrschten sie etwa eineinhalb Jahrhunderte. So wundert es kaum, dass

der etruskische Einfluss auf die römische Zivilisation ziemlich erheblich war, was Stadtplanung, politische Organisation, Religion und Kultur angeht. Es wundert aber umso mehr, wie erstaunlich wenig das Etruskische die lateinische Sprache prägte. Am häufigsten findet sich Etruskisches noch in Familien-, Orts- und anderen geografischen Namen, weniger im alltäglichen Wortschatz. Von den wenigen Entlehnungen aus dem Etruskischen ins Lateinische haben es aber einige, vermittelt über die römische Kultur, sogar bis ins Deutsche geschafft. *Person* ist ein ganz prominentes Beispiel, andere sind *Fenster, Ginster, histrionisch[e Persönlichkeitsstörung], skurril, Zeremonie.* Möglicherweise stammen auch *Satellit* und *Schilf* aus dem Etruskischen.
In der Wendung *persona ingrata* (unwillkommener, nicht gern gesehener Mensch) stammt das *ingrata* von lateinisch *ingratus* (unwillkommen) ab, aus *in-* (un-) und *gratus* (anmutig, beliebt, willkommen).

pervers → kontrovers

Pestizid → -zid

Pfahl

Mit vielen anderen Fachbegriffen aus dem römischen Bauwesen wurde auch das Lehnwort *Pfahl* schon früh (10. Jh.) aus dem Lateinischen entlehnt, und zwar aus *palus* (Pfahl). Das lateinische Wort ist wahrscheinlich auf das Verb *pangere* (befestigen, einschlagen) zu beziehen und verwiese dann auch auf das im 16. Jahrhundert aus vulgärlateinisch *pacta* entlehnte *Pacht* und auf das im 15. Jahrhundert entlehnte Substantiv *Pakt.* Zugrunde liegt beiden das substantivierte Partizip Perfekt Passiv *pactum* (das Festgemachte) des Verbs *pacisci* (eine Abmachung festmachen). Dies gehört dann wieder zum Verb *pangere* und der Kreis schlösse sich.

Aber auch so etwas wie *pfropfen* und *Propaganda* gehörte dann hierher. Nicht selten wird ja beklagt, dass etwas einem anderen künstlich *aufgepfropft* worden sei. Doch: Ist „künstlich *aufpfropfen*" nicht ein Pleonasmus, mithin doppelt gemoppelt? Ist *propfen* nicht immer künstlich? Aber wer weiß, was die Natur nicht alles parat hat? Auf jeden Fall nicht künstlich, sondern eher kunstvoll ist die Rückführung von *pfropfen* auf das Lateinische. Abgeleitet wurde das Verb im 11. Jahrhundert aus dem althochdeutschen *pfropfo* (Setzreis, Setzling), einem Substantiv, das im Mittelhochdeutschen wieder verschwand. Dieses Substantiv geht auf ein lateinisches zurück, nämlich *propago* (Ableger, Setzling). Das gehört zu *propagare* (ausbreiten, verlängern, erhöhen), aus *pro* (für, voraus) und dem nun schon wohlbekannten *pa[n]gere.*

Und jede Art von *Propaganda* hat in der katholischen ihren Ursprung und damit auch in *propagare.* Das Copyright muss man eigentlich der 1622 gegründeten *congregatio de propaganda fide* (Gesellschaft für den zu verbreitenden Glauben) zuschreiben. Aus dieser Bezeichnung nämlich hat man sich das Wort herausgenommen, das seit dem 19. Jahrhundert gebräuchlich ist.

Pfalz

Ein Jäger aus *Kurpfalz,* der durch den grünen Wald reitet, wäre, wenn man es penibel wörtlich (also besserwisserisch, also falsch) nähme, ein Römer. Denn *Pfalz* leitet sich letztlich vom römischen Hügel *Palatium* ab. Da die römischen Kaiser dort ihre Wohnstatt hatten, nahm das Wort auch bald die Bedeutung „kaiserliche Wohnstatt, Palast" an. Ins Germanische/Deutsche ist es über das vulgärlateinische *palantia* (fürstliche Wohnstatt) gelangt, eine Nebenform zu spätlateinisch *palatia,* das im Lateinischen nichts anderes als der Plural von *palatium* ist und zunächst die Gesamtheit der Gebäude auf dem *Palatium* bezeichnete. Eine *Pfalz* (bzw. althochdeutsch *pfalanza, falinza*) war zunächst das Wohn- und

Amtsgebäude von König oder Kaiser (eine Kaiserpfalz halt), in dem auch als dessen Vertreter ein *Pfalzgraf* residieren konnte. Dann wurde die Bezeichnung *Pfalz* auf das ganze Gebiet übertragen, das dem *Pfalzgrafen* als Lehen übertragen worden war: *Oberpfalz, Rheinland-Pfalz, Kurpfalz.*
Auch das Wort *Palast* geht auf den gleichen Hügel zurück, ist aber im 12. Jahrhundert über das französische *palais* ins Deutsche gelangt.

Pfau

Ein gutes Rad muss nicht teuer sein. Ganz umsonst schlägt es zum Beispiel der *Pfau* für uns. Das Wort ist über mittelhochdeutsch *pfa[we]* und althochdeutsch *pfawo* im 9. Jahrhundert aus dem lateinischen *pavo* (Pfau) abgeleitet (und stammt wahrscheinlich ursprünglich aus einer anderen Sprache). *Pfauen* wurden in Mitteleuropa zuerst am Hofe Karls des Großen gehalten. Mit den Federn wurden die Helme der Rüstungen geschmückt. Allerdings sind die Vögel, die ursprünglich aus Südasien stammen, schon Tausende von Jahren vor Christus als Haustiere nachgewiesen und tauchen seither in den unterschiedlichsten Kulturen auf, sei es in der Harappakultur, in der indischen Mythologie (noch heute ist der *Pfau* Indiens Nationalvogel), in China, in der Bibel (Salomon), in der phönizischen, griechischen und römischen Kultur und, und, und. So schwant einem schon, dass sehr, sehr viele Sprachen als Ursprung des Wortes *Pfau* infrage kommen. Das macht es so schwer, diesen Ursprung aufzuspüren. Wir halten uns also lieber an das Lateinische.
Apropos „schwanen": Da steckt ja anscheinend auch ein Vogel drin – der Schwan. „Schwan" ist allerdings nicht lateinisch, „schwanen" in gewisser Weise (vielleicht) schon. Die Herkunft des Verbs ist dunkel, doch eine der favorisierten Deutungen ist die, dass es um einen alten Humanistenscherz des 16. Jahrhunderts gehe: Da habe man eine Kontamination aus „olet mihi" (es

riecht mir = ich ahne) und „olor“ (Schwan) gebastelt und dann in „schwanen“ lehnübersetzt. Das ist nicht gesichert, aber immerhin witzig. Ähnlich funktioniert der „Beinbrecher“ (schweizerisch für „Seeadler), der eigentlich ein Knochenbrecher ist – wenn es wirklich stimmt, dass es sich da um eine Lehnübersetzung des lateinischen „ossifragus“, auch „ossifraga“, aus „os“ (Knochen) und „frangere“ (brechen), handelt. Zugrunde liegt wohl die Vorstellung, dass der Seeadler die Knochen seiner Beute zerbricht, indem er sie herabfallen lässt.

pfeifen

Auch wer aus dem letzten Loch *pfeift, pfeift* gewissermaßen immer noch lateinisch. Denn *pfeifen* ist wahrscheinlich (11. Jh.) aus lateinisch *pipare* (piepen) entlehnt (wenn es nicht vielleicht ursprünglich selbst lautmalerisch gebildet wurde wie eben auch *pipare*). Die (Tabaks-)*Pfeife* dagegen ist ziemlich sicher im 9. Jahrhundert aus spätlateinisch *pipa* (Schalmei [Blasinstrument]), einer Rückbildung aus *pipare*, hervorgegangen. Sie verdankt ihre Bezeichnung ihrer Ähnlichkeit mit dem Musikinstrument.
Nur so nebenbei: „Schalmei“ (mittelhochdeutsch „schalemi[e]“), die Bezeichnung für das mittelalterliche Blasinstrument mit doppeltem Rohrblatt, also die „Übersetzung“ von *pipa*, hat selbst schon einen langen Weg hinter sich, der über altfranzösisch „chalemie“ zum griechischen „kalamaía“ (Rohrflöte) führt, das auf „kálamos“ (Schilfrohr) zu beziehen ist.

Pfeiler → Pfeil

Pferd

„Ein Pferd! Ein Pferd! Mein Königreich für ein Pferd!“, lässt Shakespeare König Richard III. über die geduldige Bühne bölken – wahrscheinlich nur, um uns einen Einstieg für das Lateinische im Wort *Pferd* zu liefern. Wahnsinnig viel Lateinisches ist da nicht drin, aber immerhin ein bisschen – dafür aber viel Keltisches und viel Griechisches.

Fangen wir aber mit dem Lateinischen an, mit dem Mittellateinischen, genauer gesagt. Zum mittellateinischen *paraveredus* (Kurierpferd auf Nebenlinien) führt uns das Pferd über diverse Zwischenstufen, nämlich über mittelhochdeutsch *pfert, pfärt, pfarit* und *pfavrit* und über althochdeutsch *pfafrit* und *pfarifit.* Mit *veredus,* auch *veraedus,* bezeichneten die Römer eine bestimmte Art von Pferd, nämlich das leicht geschirrte Pferd: das Kurier-, Post-, aber auch das Jagdpferd. Die Bezeichnung gehört zu den überraschend wenigen Wörtern, die von den Galliern (Kelten) im Lateinischen verankert werden konnten.

Und das, obwohl die Gallier schon am Ende des 5. Jahrhunderts v. Chr. in Oberitalien eingefallen waren und die Etrusker weit zurückgedrängt hatten. Selbst Rom wurde 390 v. Chr. von ihnen geplündert. Doch haben sie wohl keine eigenen Siedlungen gegründet und sind schnell in den Völkern, zwischen denen sie lebten, aufgegangen. Da sie zudem nicht schrieben, finden sich kaum sprachliche Spuren im Lateinischen. Doch zurück zum *paraveredus:* Die Vorsilbe *para-* (neben) ist griechisch und *vered-* ursprünglich also keltisch und dann latinisiert. Wenn man so will: drei verschiedene Sprachen in unserem schlichten *Pferd* – und dazu jetzt auch noch Deutsch! Die ursprünglich einheimischen Bezeichnungen *Gaul* und *Ross* sind an die regionalen und stilistischen Ränder (derb bzw. gehoben) der Sprache gedrängt worden. Nicht so übrigens im Englischen, wie etwa bei Shakespeares Richard III., wenn man das Original nimmt. Dort ist von der englischen Entsprechung von „Ross“, nämlich „horse“, die Rede: „A horse! A horse! My kingdom for a horse!“

Pflaster

„Leichen *pflastern* seinen Weg“, war der deutsche Titel von Sergio Corbuccis Kult-Italowestern: ein seltsam weiches Material

eigentlich für ein *Straßenpflaster*. Da ist man doch zum Beispiel mit Kopfstein Härteres gewohnt. Aber irgendwie ist man damit den Ursprüngen von *Pflaster* recht nahe. Ins Deutsche übernommen wurde *Pflaster,* althochdeutsch: *pflastar,* etwa im 8. Jahrhundert aus mittellateinisch *[em]plastrum* (Wundpflaster, Fußboden- oder Straßenbelag), dem lateinisch *emplastrum* zugrunde liegt. Es zählt also zu den ganz frühen Entlehnungen aus dem Bereich des Hoch- und Tiefbaus. Im Lateinischen wird *emplastrum* nur im Sinne von „Wundpflaster" verwendet, allenfalls noch in Sinne von „Augenklappe").
Im Mittellateinischen hat also eine Übertragung stattgefunden, es geht nicht mehr nur um das, was man auf eine Wunde auflegt, sondern auch um das, was man auf eine begehbare Fläche auflegt. Das lateinische Wort seinerseits wurde aus griechisch *émplast[r]on [phármakon]* (das Aufgeschmierte, Salbe, Salbenverband) aufgenommen. Das wiederum gehört zum Verb *em-plássein* (aufschmieren, bestreichen), darin *plássein* (aus weicher Masse formen, bilden, gestalten), wozu etwa auch unser Fremdwort *plastisch* gehört.

pflücken

Unsere Altvorderen haben sich von der römischen Kultur etliches Nützliche herausgepflückt, vor allem auch aus dem Obst- und Weinanbau. Das schlägt sich noch heute in unserer Sprache nieder – so zum Beispiel im Verb *pflücken,* das eine ganz, ganz frühe Entlehnung (9. Jh.) aus dem mittellateinischen *piluccare* (auszupfen, rupfen) ist, zu *pilus* (das einzelne Menschen- oder Tierhaar).

Pforte

Auch *Pforte* gehört zu den zahlreichen Begriffen aus dem Bauwesen, die aus dem Lateinischen stammen. Das Wort kam aus lateinisch *porta* (Tor) und wurde über das Germanische zu althochdeutsch *pforta, porza.*

Im 12. Jahrhundert wurde dann noch aus lateinisch *portenarius* (Türhüter), der auch auf *porta* zurückgeht, der *Pförtner* entlehnt. Ab dem 18. Jahrhundert wurde *Pförtner* für eine Zeit fast ganz vom französischen *Portier* verdrängt, setzte sich dann aber nach und nach wieder durch.
Selbst das originale lateinische *porta* findet sich im Deutschen, nämlich im Namen *Porta Westfalica* für das Durchbruchstal der Weser zwischen Weser- und Wiehengebirge und für eine dort gelegene, 1973 gegründete Stadt und in der Bezeichnung *Porta Nigra* (Schwarzes Tor) für das monumentale römische Stadttor Triers.

Pfosten
Zu den vielen Entlehnungen im Bereich des Bauwesens zählt auch das Wort *Pfosten*. Es geht über althochdeutsch *pfosto* zurück auf lateinisch *postis* (Pfosten; Türpfosten, eigentlich: *postis lapideus ianuae* [der steinerne Pfosten der Tür]).

pfropfen → Pfahl

Pfund → spenden

pingelig → Pein

Pinsel → Penis

Placebo → Plazet

Plackerei → Plage

Plage
Wenn die Erde schon ein Jammertal ist, dann darf ja auch die eine oder andere *Plage* nicht fehlen, ein Wort, das über althochdeutsch

plaga denn auch aus kirchenlateinisch *plaga* (Schlag, Verwundung, Strafe des Himmels) entlehnt wurde. Da *Plagen* aber so etwas Neues auch wieder nicht sind, wird man auch nicht so überrascht darüber sein, dass das lateinische Wort seinerseits wohl auf griechisch *plege* bzw. dorisch *plaga* (Schlag, Hieb, Wunde) zurückgeht, das zum griechischen Verb *plessein* (schlagen, verwunden) gehört.
Das entsprechende Verb *plagen* (zunächst: quälen, mit göttlichen Plagen heimsuchen, strafen), aus kirchenlateinisch *plagare* (peinigen, quälen), wird seit dem 15. Jahrhundert auch reflexiv verwendet in der Bedeutung von „sich abmühen, sich quälen". Intensivierend wurde dazu auch bereits im 15. Jahrhundert umgangssprachlich *placken* gebildet und dazu im 16. Jahrhundert das Substantiv *Plackerei*.

Plazet

Wenn man etwas durchgehen lassen kann, dann gefällt es wohl (einigermaßen). In so einem Fall gibt man dann sein *Plazet*. Aufgekommen ist der Ausdruck in der Kanzleisprache des 16. Jahrhunderts, entstanden aus dem Aktenvermerk *placet* (es gefällt), und er gehört zum Verb *placere* (gefallen, gefällig sein). Das Verb ist stammverwandt mit dem Adjektiv *planus* (platt, flach, eben), heißt also ursprünglich etwa so viel wie „eben sein".
Zu *placere* gehört auch das *Placebo*. Zugrunde liegt hier allerdings die Futurform *placebo* (ich werde gefallen). Ins Deutsche kam das Wort im 20. Jahrhundert über das Englische.

Poesie, Poet → dichten

Prädikat

Für nicht wenige ist Philosophie ja eher ein schwacher Trost als eine lohnenswerte Disziplin. Boethius (um 480 bis um 524), den „magister officiorum" (Staatsminister) des Ostgotenkönigs Theoderich in Ravenna, tröstete die Philosophie, als er wegen Verschwörung zum Tode verurteilt worden war, in seiner langen Haftzeit durchaus. Gerade mit der griechischen Philosophie hatte sich Boethius ein Leben lang auseinandergesetzt und etliche philosophische Fachtermini aus dem Griechischen ins Lateinische übertragen. Viele davon verwenden wir heute noch, etwa „Metaphysik" („metaphysica" aus griechisch „tà metà tà physiká") oder → Subjekt.

Eine andere von Boethius stammende Übersetzung ist *praedicatum* (das Ausgesagte) als logischer/philosophischer Fachterminus (das dem logischen Subjekt Zugesprochene). Das lateinische *praedicatum* ist das substantivierte Partizip Perfekt Passiv von *praedicare* (öffentlich ausrufen, behaupten), aus der Präposition *prae* (vor) und aus dem Verb *dicare* (feierlich verkünden), einem Intensivum zu *dicere* (sagen, reden). Die eingedeutschte Version *Prädikat* wurde erst im 17. Jahrhundert entlehnt, und zwar zunächst in der Bedeutung „Rangbezeichnung". Erst später kamen die anderen heute geläufigen Bedeutungen hinzu, so die logische/philosophische „das dem logischen Subjekt Zugesprochene", und die grammatische „Satzaussage" (beide Ende des 18. Jh.), wie auch die bewertende „Note, Auszeichnung" (2. Hälfte des 19. Jh.). Damit es nicht zu Verwechslungen zwischen grammatischer und logischer Verwendung kommt, hat Rudolf Carnap (1891–1970) für die logische Verwendung den Begriff *Prädikator* eingeführt.

Wasser *predigen* und Wein trinken ist ein wirklich altaltbewährter Habitus. Denn das Verb *predigen* (mittelhochdeutsch *bredigen, predigen;* althochdeutsch *bredigon, predigon*) ist schon seit weit über 1000 Jahren – vor allem in der Kirchensprache – fest verankert und geht wie *Prädikat* auf das lateinische Verb *praedicare* zurück.

Präzedenz → Exzess

predigen → Prädikat

pressen

Mit den neuen Techniken des Obst- und Weinbaus, welche die Römer mitgebracht hatten, entlehnten die Germanen auch reichlich viel Fachvokabular. Dazu zählen die Wörter *pressen* und *Presse.* Das Verb *pressen* wurde bereits früh aus lateinisch *pressare* (drücken, pressen) entlehnt, einer Intensivbildung zu *premere* (drücken, bedrängen). Jemanden zu *erpressen* kam dagegen erst im 16. Jahrhundert in Mode, jedenfalls das Wort dafür. Auch das Substantiv *Presse* ist eine vergleichsweise alte, nämlich althochdeutsche Entlehnung: *pressa, fressa* (12. Jh.), zumindest in der Bedeutung „Kelter, Wein-/Obstpresse". Zugrunde liegt mittellateinisch *pressa,* was auch zu lateinisch *pressare* bzw. *primere* gehört. Die spezielleren Bedeutungen „Buchdruckerpresse" (seit etwa 1500), „Gesamtheit aller Druck-Erzeugnisse" (seit Ende des 18. Jh.) und „Zeitungswesen" (seit Mitte des 19. Jh.) verdanken sich späteren Entlehnungen aus französisch *presse,* das natürlich die gleichen lateinischen Ursprünge aufweist.
Auf das Verb *primere* geht eine Reihe von Fremdwörtern zurück, zum Beispiel: *deprimieren, expressiv, Impressum, Ex-* und *Impressionismus, komprimieren.* Das Fremdwort *deprimieren* wurde im späteren 16. Jahrhundert aus französisch *déprimer* entlehnt und geht auf lateinisch *deprimere* (niederdrücken) zurück, aus *de* (von, herab, über) und *premere* (drücken). In diesen Kreis gehören dann auch *Depression* und *depressiv.*
Was man gelegentlich mit einer Zitrone wie mit seinen Gefühlen macht, ist: sie ausdrücken. Auf Lateinisch heißt das *exprimere,* aus *e[x]* (aus) und *primere.* Und das liegt unseren Fremdwörtern *Expression, expressiv* und *Expressionismus* zugrunde.
Das Substantiv *Impression* dagegen wurde im 18. Jahrhundert aus lateinisch *impressio* (Eindruck) entlehnt, das auf dem Partizip Perfekt Passiv *impressus* (eingedrückt) von *imprimere* (eindrü-

cken) basiert, aus *in* (in, hinein) und *premere*. Vom substantivierten Neutrum ebendieses Partizips *impressum* (das Eingedrückte, Aufgedrückte) ist der Fachbegriff des Druckerwesens *Impressum* abgeleitet.
Seit dem 18. Jahrhundert wird *komprimieren* als physikalisch-technisches Fachwort verwendet, in allgemeinerer Bedeutung schon seit dem 16. Jahrhundert. Es geht zurück auf lateinisch *comprimere* (zusammendrücken), aus *com-* (mit-, ver-, zusammen-) und *premere*.

probat, proben → prüfen

profan → Ferien

Proletarier → Aliment

prominent → eminent

Propaganda → Pfahl

Propeller → Puls

Prosa → kontrovers

pros[i]t

„Ist das nun Liebe oder ist das nur ein schwacher Trost? // Ich sage immer, was ich denke, und ich sagte: ‚Prost!'" (Heinz Rudolf Kunze). Ob das was nützt? Nützen soll es aber. Denn die dritte Person Singular Präsens Konjunktiv von *prodesse* (nützen, zuträglich sein), *prosit* (es möge nützen) nämlich, will es halt so. Bezeugt ist die Formel seit dem 16. Jahrhundert, allgemeine Verbreitung fand sie aber wohl erst über die Studentensprache des 18. Jahrhunderts.

Prozedere, Prozedur, Prozess, Prozession → Exzess

prüfen

Wie lange sich das Verb *prüfen,* mittelhochdeutsch: *brüeven, prüeven* (erwägen, beweisen, einschätzen, erproben), schon im Deutschen tummelt, kann man nicht genau sagen. Einen *probaten* Hinweis kann die Lautung geben und die sagt, dass *prüfen* eine ziemlich frühe Entlehnung sein muss. Sicher ist, dass *prüfen* über vulgärlateinisch bzw. romanisch *provare* auf lateinisch *probare* (billigen, prüfen, erproben) zurückgeht. Dieses Verb wiederum ist auf das Adjektiv *probus* (gut, bewährt, rechtschaffen, tüchtig) zu beziehen und das hat mit der Präposition *pro* (für, vor) zu tun.

Neben dem älteren Lehnwort *prüfen* wird seit etwa dem 15. Jahrhundert auch das mit romanischer Endung gebildete Verb *probieren* (prüfen, kosten, versuchen) gebraucht, mittelhochdeutsch noch mit der Bedeutung „beweisen, prüfen". Ebenfalls auf lateinisch *probare,* und zwar übernommen aus dem mittellateinischen *proba* (Prüfung), weist das Substantiv *Probe* zurück. Davon abgeleitet ist das Verb *proben.*

Pubertät

Schon die hübsche →Kontamination *Pubertät*lichkeiten lässt ahnen, dass es sich bei der *Pubertät* um eine eher schwierige Zeit handelt. Aber sind das nicht irgendwie alle Zeiten? Eine schwierige Zeit war dann wahrscheinlich auch das 16. Jahrhundert, in dem das Wort *Pubertät* aus *pubertas* (Geschlechtsreife, Mannbarkeit) entlehnt wurde, einer Bildung zu *pubes* (mannbar, männlich, erwachsen).

Puls

Es gibt ja immer wieder Situationen, in denen das übereifrige Herz einem den *Puls* in ungeahnte Frequenzbereiche treibt. Und dieses Treiben ist auch das, was dem Wort *Puls* zugrunde liegt. Denn der mittelalterliche medizinische Fachterminus wurde im 15. Jahrhundert aus mittellateinisch *pulsus venarum* (das Schlagen/Treiben der Adern) entlehnt. Der Terminus verweist wiederum auf das lateinische Substantiv *pulsus* (das Treiben, das Schlagen), das auf das Partizip Perfekt Passiv *pulsum* (getrieben, geschlagen) des Verbes *pellere* (treiben, stoßen, schlagen) zurückgeht.

Dem Verb *pellere* verdanken wir noch einige Fremdwörter, wie zum Beispiel: *appellieren, bugsieren, Impuls, Propeller.*

Direkt aus lateinisch *impulsus* (Antrieb, Anstoß) entlehnt wurde im 18. Jahrhundert das Fremdwort *Impuls.* Dies gehört zu *impellere* (anstoßen), aus *in* (in, hinein) und *pellere.*

Dagegen musste das Verb *bugsieren* im 17. Jahrhundert (zunächst u. a. in den Formen *buxiren, büksieren*) einen langen verschlungenen Weg gehen, bis es über das niederländische Verb *boegseren* ins Deutsche gelangte. Das niederländische Verb ist seinerseits aus älterem *boesjaren/boechseerden* entstanden, wobei man sich da wohl auch ein wenig an das Substantiv „boeg" (Bug) angelehnt hatte. Es kommt von portugiesisch *puxar* (ziehen, schleppen), das wir – endlich – auf lateinisch *pulsare* (stoßen, forttreiben) zurückführen können und das gehört dann wieder zu *pellere.*

Appelliert wurde im 17. Jahrhundert zunächst nur beim Militär. *Appell* und *appellieren* wurden als militärische Fachtermini aus französisch *appel/appeler* (Aufruf/aufrufen) entlehnt. Zu beziehen sind diese auf lateinisch *appellare* (um Hilfe ansprechen, anrufen), aus *ad* (an, bei, zu, hin) und *pellere.*

Über wieder eine andere Sprache, nämlich das Englische, gelangte der *Propeller* ins Deutsche. Im 19. Jahrhundert wurde das Wort aus englisch *propeller* übernommen. Dies gehört zum Verb *to propel* (vorantreiben), was auf lateinisch *propellere* (vorantreiben) zurückgeht, aus *pro* (vor[an], für) und *pellere.*

Punkt → bunt

Quäntchen → Quantum

Quantum

Wer seine *Quanten* auf die festlich gedeckte Tafel legt, hat wohl kein *Quäntchen* Benehmen und unterstellt seinen Gastgebern ein schon gehöriges *Quantum* an Toleranz. *Quanten* (in der Bedeutung „Füße") stammen wohl aus der Gaunersprache (*quant* = groß) und gingen dann genau wie das im 17. Jahrhundert in der Kaufmannssprache sich einbürgernde *Quantum* auf lateinisch *quantum* (wie groß) zurück, eine Adjektivierung von *quam* (wie). Den gleichen Ursprung dürfen wir auch beim *Quant* (Plural: *Quanten*) voraussetzen, einem Begriff, den Max Planck 1910 für den kleinstmöglichen Wert einer physikalischen Größe einführte. Dieses Wort finden wir auch wieder in der *Quanten*physik und im immer wieder gern bemühten *Quanten*sprung, mit dem einerseits der plötzliche Übergang eines mikrophysikalischen Systems aus einem Quantenzustand in einen anderen (unter → Emission oder Absorption von Energie oder Teilchen) gemeint sein kann, andererseits aber auch im übertragenen Sinne schlicht ein plötzlicher, eklatanter wissenschaftlicher oder technischer Fortschritt.

Allerdings gar nicht zu *Quantum* gesellen mag sich das *Quäntchen* (einst auch *Quintchen* und *Quintlein,* → Skrupel). Das nämlich ist vielmehr eine Verkleinerungsform von *Quent,* einem ehemaligen deutschen Handelsgewicht. *Quent* stammt vom mittelhochdeutschen *quintin* (der vierte, ursprünglich aber der fünfte Teil eines Lotes), das wiederum aus den mittellateinischen *quintinus, quentinus* entlehnt ist. Diese sind auf lateinisch *quintus* (der fünfte) zu beziehen.

quasi

Etwas *Quasi*offizielles ist *quasi* offiziell, aber ganz offiziell dann doch nicht ganz offiziell. „Das ist quasi Stasi", heißt: „Das kommt der Stasi nahe, ist es aber nicht wirklich". Das Adverb bzw. Wortbildungselement *quasi* will sagen, dass etwas mit der bezeichneten Sache fast gleichzusetzen ist, genau genommen aber doch etwas anderes ist. Es wurde im 17. Jahrhundert aus *quam* (wie) und *si* (wenn) zusammengesetzt.
Das Wort *quasi* finden wir zudem noch im Namen des „Glöckners von Notre-Dame" (Victor Hugo, 1802–1885), in *Quasi*modo also. Im Roman hat der Glöckner diesen Namen erhalten, weil er am Weißen Sonntag auf den Treppen von Notre-Dame gefunden worden war. Denn der erste Sonntag nach Ostern, der Weiße Sonntag, wird in der Kirche auch als *Quasi*modogeniti bezeichnet, nach dem Eingangsvers des Gottesdienstes, 1. Petrus 2,2: „*quasi* modo geniti infantes" (wie die eben geborenen Kinder).

qui tacet, consentire videtur

Muss man denn wirklich zu allem und jedem seinen Senf dazugeben? Manchmal will man doch auch einfach nur die Schnauze halten. Das kann ganz wohltuend sein, aber unter Umständen auch gefährlich – juristisch natürlich mal wieder. Denn *qui tacet, consentire videtur* (wer schweigt, scheint zuzustimmen), ist ein Rechtsgrundsatz, den schon der gnadenlose Papst Bonifaz VIII. formuliert hatte und der im kanonischen Recht (Kirchenrecht) festgehalten wird. In moderner Rechtssprache könnte man vielleicht von so etwas wie „konkludentem Schweigen" reden (als einer Sonderform des konkludenten Handelns).

Quint → Quantum

quo vadis?

Mit dem Blick auf Entwicklungen, die der resignierende Beobachter – vielleicht vermeintlich – eh nicht beeinflussen kann, entringt sich ihm schon mal der Seufzer: „*Quo vadis,* x?“ (Wo soll das alles enden, x?). Dabei kann die Variable x sehr, sehr unterschiedlich besetzt sein. Das reicht von „*Quo vadis,* Kleintierzüchterverein Handschuhsheim?“ über „*Quo vadis,* Bundesliga?“ bis hin zu „*Quo vadis,* Abendland/Zivilisation?“.

Zugrunde liegt der resignierenden Frage eine Legende aus dem Leben des Apostels Petrus: Um den Christenverfolgungen zu entgehen, flieht Petrus aus Rom und begegnet Christus. „*Quo vadis,* Domine?“ (Wohin gehst du, Herr?), fragt Petrus. Christus antwortet, er gehe nach Rom, um sich ein zweites Mal kreuzigen zu lassen. Das veranlasst Petrus, nach Rom zurückzukehren, wo er mit dem Kopf nach unten gekreuzigt wird.

Diese Legende hat der polnische Schriftsteller Henryk Sienkiewicz (1846–1916) in seinen 1895/96 erschienenen Roman *Quo vadis?* eingebaut. Der Roman wurde in 30 Sprachen übersetzt und mehrmals für herzzerreißende Sandalenfilme adaptiert (so war schon am 24. 4. 1913 eine Monumentalverfilmung des Stoffes zu bewundern, und zwar anlässlich der Eröffnung des Königspavillon-Theaters in Leipzig, des ersten frei stehenden, eigens für die Vorführung von Filmen konzipierten Kinotheaters Europas; am bekanntesten ist wohl die Verfilmung von 1951 mit Peter Ustinov als Nero). Aufgrund dieser massenmedialen Unterstützung geriet auch die Frage *Quo vadis?* in aller Munde.

quod erat demonstrandum

Aus der Schule ist vielen von uns noch der Höhensatz des Euklid: $h^2 = pq$ und der Kathetensatz des Euklid: $a^2 = cp$ bzw. $b^2 = cq$ geläufig. Das ist schlichte, übersichtliche Geometrie. Aber damit hat es der griechische Mathematiker Euklid (4. Jh. v. Chr.) nicht bewenden lassen. Vielmehr hat er die gesamten mathematischen

Kenntnisse seiner Zeit systematisiert. Dazu bedurfte es etlicher Beweise. Die Beweisführungen beendete er stets mit der Feststellung: „όπερ έει είαι“ (was zu beweisen war). Im frühen 16. Jahrhundert taucht zum ersten Mal die lateinische Übersetzung *quod erat demonstrandum* auf, die auch heute noch im mathematischen und logischen Fachjargon verwendet wird (oft *q. e. d.* abgekürzt) – und bildungssprachlich auch in anderen Bereichen.

Radieschen, radikal → Rettich

Ratio

Das Schlimmste fürchten, das Beste hoffen und mit allem rechnen: Ist das *rational?* Zumindest „rechnen“ ist das in gewisser Weise. Denn „rechnen“ ist im weiten, weiten Bedeutungsumfang von lateinisch *ratio* (Rechnung, das Berechnen, Geschäft, Methode, das Denken, die Vernunft, Theorie) durchaus enthalten. Daraus wurde bereits im 16. Jahrhundert die *Ratio* entlehnt, genauso wie aus dem lateinischen *rationalis* (berechenbar, vernünftig) unser *rational.* Beides ist auf das Verb *reri* (auf Grund von Schlüssen der Ansicht sein) zu beziehen.
Der dynamische Manager setzt ja als *Ultima Ratio* (das letzte Mittel, ganz lateinisch) gern und oft auf eine grundlegende (Weg-) *Rationalisierung* (ein übler Euphemismus). Ob das letztlich *rational* ist? (Mancher einer, der heute noch *rationalisiert,* ist morgen schon selbst weg*rationalisiert.* Superschlau.) Allerdings verwendete man *rationalisieren,* als es im 19. Jahrhundert eingeführt wurde, zunächst noch in der nicht anrüchigen Bedeutung von „rational denken und/oder handeln“ und seine Bedeutung veränderte es erst unter dem Einfluss von französisch *rationaliser* in „zweckmäßig gestalten“ und schließlich in „wirtschaftlich effizienter machen“.

reagieren, Reaktion → agieren

real

„Die Wirklichkeit ist bunt, schwarz-weiß ist realistischer", verweist auf eine gar nicht so genau zu bestimmende Auffassung von Kunst (manchmal vielleicht im Gegensatz zum Naturalismus) und auf eine ganze Reihe von Fremdwörtern, die auf dem Adjektiv *real* beruhen. Das Adjektiv selbst wurde im 17. Jahrhundert aus dem spätlateinischen *realis* (sachlich, wesentlich) entlehnt. Die spätlateinische Bildung ist auf das Substantiv *res* (Ding, Gegenstand, Angelegenheit, Wesen) zu beziehen.
Das Adjektiv *real* ist der Ausgangspunkt einiger weiterer Wortbildungen, darunter nach den französischen Vorbildern *réaliser* und *réalité* im 18. Jahrhundert *realisieren* und schon im 17. Jahrhundert *Realität*, direkt von *real* im 18. Jahrhundert *Realismus, Realist* und *realistisch*. Die Gegenbegriffe *irreal, Irrealität* sind Kinder des 20. Jahrhunderts. Allerdings gibt es das neulateinische Adjektiv *irrealis* schon einige Jahrhunderte länger, zum Beispiel in *modus irrealis*, dem Modus einer als unerfüllbar dargestellten Annahme, des unerfüllbaren Wunsches: → si tacuisses, philosophus mansisses, dem *Irrealis* eben.

Rebe

„Der Weinberg hängt voll Reben, // der Hund an Herrchens Blick. // Der eine hängt am Leben, // der andere am Strick." (Heinz Erhardt)
Natürlich brauchte Heinz Erhardt für seinen Gag das Hängen der *Reben*. Aber mal ehrlich: Hängen *Reben?* Trauben ja, die hängen. Aber *Reben* stehen doch oder sie kriechen – in gewissem Sinn. Allerdings hängt die Herkunft des Wortes *Rebe* wirklich, und zwar ein wenig in der Luft. Zumindest eine starke Vermutung geht in Richtung Latein. Danach soll das seit dem 11. Jahrhundert belegte Wort auf das lateinische Verb *repere* (kriechen) zu beziehen sein. Dann wären zunächst die Ausläufer der Pflanze gemeint gewesen. Aber ganz genau weiß man das nicht.

Genaueres weiß man da schon von den *Reptilien.* Das Fremdwort wurde im 19. Jahrhundert (wohl beeinflusst vom französischen *reptile*) aus dem kirchenlateinischen *reptile* (Kriechtier) entlehnt, das auf das lateinische Adjektiv *reptilis* (kriechend) zurückgeht, das natürlich wieder auf *repere* zu beziehen ist.

Reklame, reklamieren → klar

rekonstruieren → destruktiv

Reptil → Rebe

Rettich

Eine ziemlich scharfe Sache ist das ja, so ein Rettich. Das heißt, scharf ist ja vor allem die Wurzel. Und da es auf die in der Küche ankommt, hat der *Rettich* auch von da seinen Namen. Denn über mittelhochdeutsch *raetich* und althochdeutsch *ratih* geht das Wort auf das lateinische Substantiv *radix* (Wurzel) zurück.

Nun haben wir durchaus nicht vor, uns in nächster Zeit die *Radieschen* von unten anzukucken, aber doch zumindest von ziemlich weit vorn – was die Wortentwicklung angeht. Und vorn, das heißt ganz am Anfang des Auftretens von *Radieschen* im Deutschen, steht halt das Lateinische. Zugrunde liegt der Verkleinerungsform das Wort *Radies,* das Ende des 17. Jahrhunderts aus dem niederländischen *radijs* entlehnt wurde. Das wieder geht auf das französische *radis* zurück, das auf das italienische *radice* und das endlich wie *Rettich* auf das lateinische *radix* (Wurzel): ein ganz schön weiter Weg.

Übrigens ist auch das Adjektiv *radikal* letztlich auf *radix* zu beziehen, allerdings über die spätlateinische Bildung *radicalis* (eingewurzelt). Daraus wurde es ins Deutsche übernommen, zunächst in der Bedeutung von „angeboren, angestammt, gewachsen". Im

18. Jahrhundert dann führte die Entlehnung aus dem Französischen zu der Bedeutung „grundlegend, gründlich". Erst ab dem 19. Jahrhundert wird es unter dem Einfluss des englischen *radical* in der Bedeutung „weltanschaulich extrem" verwendet.

Revers → kontrovers

Revolution, Revolver → Evolution

rezensieren → Zins

Ribisel

Was für eine Irrfahrt hat die schlichte Johannisbeere hinter sich gebracht, bis sie schließlich als *Ribisel* in Österreich angekommen ist! Das hübsche österreichische Wort *Ribisel* geht über den Umweg über das italienische *ribes* auf das mittellateinische *ribis* zurück, das allerdings selbst aus dem arabischen *ribas* entlehnt worden war – womit aber immer noch nicht Schluss ist, da doch das arabische Wort wiederum auf das persische *ribas* (eigentlich: Rhabarber) zurückgeht.

Riemen

Wenn man sich am Riemen reißt und sich ganz ordentlich in die *Riemen* legt, hat man es mit ganz verschiedenen Dingen und Sprachen zu tun. Der Riemen, an dem man sich reißt, ist der Gürtel, den ursprünglich der Soldat in den vorschriftsmäßigen Sitz bringt, damit er einsatzbereit ist. Der hat gar nichts Lateinisches. Ganz anders ist das aber bei den *Riemen,* in die man sich legt. Diese *Riemen,* lange, mit beiden Händen gezogene Ruder, sind am Niederrhein von den Römern übernommen worden, und zwar über mittelhochdeutsch *rieme* und althochdeutsch *riemo* aus lateinisch *remus* (Ruder). Sie kommen nur im Deutschen und im Niederländischen vor.

rotwelsch → welsch

Saibling → Salm

Salbei

Dass *Salbei* ein gesundes Kraut ist, versteht sich eigentlich schon aus dem Namen selbst. Denn *Salbei* (mittelhochdeutsch *salbeie/salveie,* althochdeutsch *salbeia/salveia/salveghe*) ist im 10. Jahrhundert aus dem mittellateinischen *salvegia* entlehnt worden, das zu lateinisch *salvia* (Salbei) gehört. Und das hat mit *salvus* (gesund) zu tun.

Salm

Auf der Alm hat's keinen *Salm,* aber im Rhein durchaus – wieder. Denn vor allem da, in den Rheingebieten, ist *Salm* eine andere Bezeichnung für Lachs. Entlehnt wurde *Salm* (mittelhochdeutsch *salme,* althochdeutsch *salmo*) im 10. Jahrhundert aus lateinisch *salmo* (Salm, Lachs). Zudem spendiert der *Salm* dann auch noch seiner ganzen Fischfamilie den Namen: den *Salmoniden.* Und unter anderem dort, im Rhein, ist er zu Hause. Und tief unter der Alm, in den oberbayerischen Seen und Flüssen, da sind dessen Verwandte zu Hause, so der *Saibling,* dessen Name auch auf das lateinische *salmo* zu beziehen ist. Großzügig, wie nun einmal des *Salms* Wesen zu sein scheint, leiht er aber noch einer ganz anderen Fischfamilie seinen Namen: den *Salmlern* (wissenschaftlich: Characidae) nämlich.
Ganz und gar nicht verantwortlich ist der *Salm* für die Bezeichnung der bisweilen recht unangenehmen Salmonellen, dafür muss ein amerikanischer Bakteriologe herhalten: Herr Daniel Elmer Salmon.

Satan → Teufel

Satellit

Erstens ist das, was uns so umschwirrt, ziemlich viel und zweitens ist von den künstlichen Trabanten auch viel schlicht Schrott und nicht ungefährlich. Als nicht ungefährlich erwiesen haben sich ja auch oft die Leibwächter so mancher Potentaten, insofern Letztere gelegentlich schon mal gern Ersteren selbst zum Opfer gefallen sind. „Leibwächter" ist denn auch die Bedeutung des lateinischen Substantivs *satelles,* Genitiv: *satellitis* (zudem noch: Gefolge, Spießgeselle), aus dem im 18. Jahrhundert der astronomische Fachterminus entlehnt wurde.
Die Sitte, sich eine Leibwache zu halten, führten etruskische Adelige in Rom ein. Möglich, dass mit der Sache auch das Wort aus dem Etruskischen ins Lateinische gelangte; morphologische Kriterien sprechen dafür. Und es ist schon witzig, dass ausgerechnet solch ein altehrwürdiges Wort wie *Satellit* in die Liste der 100 Wörter des 20. Jahrhunderts Eingang fand, die eine Jury des Fernsehsenders 3sat 1998 kürte.

Satire

Die *Satire* nimmt sich ja gern – sei es mit verständnisvollem Schmunzeln, sei es mit beißender Häme – des einen oder anderen „Früchtchens" an. Und die Geschichten, die das zur Folge hat, werden dann wie in einer bunten Fruchtschüssel zum Besten gegeben. So etwa könnte man sich – an den Haaren herbeigezogen? – vielleicht erklären, wieso *Satire* (vor-)letztlich auf lateinisch *satura* (Fruchtschüssel, Allerlei, Potpourri) zurückgeht. Denn damit stimmt ganz ursprünglich *satira,* altlateinisch eben: *satura* (Spottgedicht), überein, aus dem im 16. Jahrhundert unsere *Satire* entlehnt worden war.
Da die Fruchtschüssel ursprünglich auch als Opfergabe an die Götter gedacht war, liegt für manche Latinisten ein Zusammenhang mit lateinisch *satis* (genug) nahe. Andere wiederum vermuten etruskische Ursprünge. Also: Genaues weiß man nicht.

Schabau

Der gemeine Russe kann ja vor allem dann kein Wässerchen trüben, wenn das Wässerchen Wodka ist (russisch vodka = Wässerchen). Das geht dem Kölner nicht viel anders: Der trübt das Wässerchen nicht, sondern trinkt es lieber, und zwar dann, wenn es eines nach savoyischer Art ist. Denn *Schabau* (Schnaps) ist entstanden aus spätlateinisch *aqua sabaudius* (savoyisches Wasser, Wasser aus Savoyen, Wasser nach Art von Savoyen). Auch die Kölsch-Rocker von BAP suchten schon mal den Trost im *Schabau,* wenn ihnen die „Ruut-wiess-blau querjestriefte Frau" zu sehr auf die Nerven ging: „Mir wöhren unjeheuer proletarisch, // die Relevanz der Texte exemplarisch. // Ich saach: ‚Jenau, // Clemens, dunn uns zwei *Schabau.*' "

Schemel

Wenn der altrömische Jurist etwas auf die lange Bank schob, war diese wohl ein *scamnum* (Bank). Daraus wurde dann das spätlateinische *scamillus/scamellum* (Bänkchen). So ein *scamellum* könnte zum Beispiel auch ein Fußbänkchen gewesen sein. Und in genau dieser Bedeutung wurde im 9. Jahrhundert aus *scamillus/scamellus* das althochdeutsche *scamil* entlehnt, das schon seit dem Mittelhochdeutschen *schemel* (bzw. heute *Schemel*) geschrieben wird.

Schilf

An dieser Stelle wollen wir mal in die Binsen gehen, pardon: ins *Schilf* natürlich. Denn *Schilf* (althochdeutsch *sciluf*) wurde im 10. Jahrhundert aus lateinisch *scirpus* (Binse, Rohr, Ried, Schilf) entlehnt. (Nach Karl Ernst Georges [1806–1895] bzw. seinem „Ausführlichen lateinisch-deutschen Handwörterbuch" soll *scirpus* allerdings ein etruskisches Wort sein.) Zunächst wurde es wie sein lateinisches Pendant als ein Maskulinum verwendet (bei Luther etwa), später wurde es zum Neutrum. Aus dem Umstand, dass die Binse, das *Schilf*, keine Knoten hat, bastelten sich die Römer das hübsche Sprichwort: *quaerere in scirpo nodum* (im Schilf einen Knoten suchen = nach Schwierigkeiten suchen, wo keine sind).

schreiben

Wer sich etwas hinter die Ohren *schreibt*, der merkt sich dieses Etwas sehr gut. Dahinter steht der alte Rechtsbrauch, bei Grenzfestlegungen einige Jungen mitzunehmen, die sich die Position der Grenzsteine ganz fest einprägen sollten. Als kleine Gedächtnisstütze hat man sie an jedem Grenzstein ordentlich geohrfeigt. Das hat sich eingegraben. Ganz tief eingegraben, besser gesagt: *eingeritzt*, noch besser gesagt: *eingerissen* (mit *reißen* in der Bedeutung, wie sie noch in „kurz eine Skizze *aufreißen*" oder in den Substantiven *Grundriss, Aufriss, Umriss, Reißbrett* etc. lebendig ist) wurden die germanischen Runen, und zwar in Stein, Metall oder Holz – etwa in Stäbe aus Buche, eben „Buchstaben". Das Verb *ritzen* ist das Intensivum zum Grundverb *reißen*. Ein mühsames Verfahren, gut geeignet für eine zauberische Geheimschrift, für magische Beschwörung, gar nicht geeignet für eine allgemeine Verkehrsschrift. Die allgemeine Verkehrsschrift übernahm man denn auch aus dem Lateinischen und entlehnte mit ihr etwa im Germanischen auch das Verb *schreiben*, althochdeutsch *scriban*, aus lateinisch *scribere* (mit einem spitzen Griffel ritzen, reißen, schreiben, verfassen).
Allerdings ist dabei etwas gegen alle Regel geschehen. Eine überaus strenge Regel ist es nämlich, dass Verben, die aus einer anderen Sprache ins Deutsche gelangen, grundsätzlich schwach konjugiert werden, etwa: „diskutieren – diskutierte – diskutiert" oder „dissen – disste – gedisst". So wäre für *schreiben* zu erwarten gewesen: *schreiben – *schreibte – *geschreibt*. Wir wissen: Das ist nicht so, *schreiben* ist die einzige, völlig allein stehende Ausnahme, es wird stark konjugiert: *schreiben – schrieb – geschrieben*.

Das Vorbild ist das Verb, das die Art und Weise, wie Runen produziert wurden, ausdrückt: *reißen – riss – gerissen.* So setzt sich das *Runenreißen* zumindest in den Formen noch bis heute durch. Und auf Englisch *„reißt“* man auch heute noch ganz vollständig – und nicht nur den Formen nach –, wenn man *schreibt: write – wrote – written.*

Schuster

Das lateinische Substantiv *sutor* (Flickschuster), von *suere* (zusammennähen), war das Vorbild für althochdeutsch *sutari* und bezeichnete ebenfalls den Flickschuster. Allerdings: Da es ja ums Nähen ging, wurde *sutari* manchmal auch im Sinne von „Schneider“ verwendet. Ob Schuster oder Schneider: Im Mittelhochdeutschen wurde aus *sutari* dann *suter.* Damit aber auch wirklich kein Zweifel blieb, was denn da genäht wurde, hat man den eigentlich lateinischen Näher deutsch spezifiziert: *schuochsuter* (Schuhnäher), was sich dann schließlich im Spätmittelhochdeutschen über *schuo[ch]ster* zum deutsch-lateinischen *schuster* verschliff.

schwanen → Pfau

Sekunde → Minute

Senf → Most

si tacuisses, philosophus mansisses

Schon die so logisch erscheinende Weisheit „Wer nichts macht, macht auch nichts verkehrt“ lässt sich ja leicht durch schlichte Lebenspraxis widerlegen. Widerlegt ist auch, und zwar unter → qui tacet, consentire videtur, dass, wer nichts sagt, nichts äußert. Dennoch ist unzweifelhaft richtig, dass sich fast jeder von uns schon mal mit einer wahnsinnig schlau daherkommenden

Äußerung keinen Gefallen getan hat. Hätte man doch einfach mal den Mund gehalten! Solch eine Situation schwebte Boethius wohl vor, als er schrieb: „‚Iam tandem [...] intellegis me esse philosophum?' Tum ille nimium mordaciter: ‚Intellexeram, si tacuisses.'" („Siehst du nun endlich ein, dass ich ein Philosoph bin?" Da sagte jener überaus bissig: „Ich hätte es eingesehen, wenn du geschwiegen hättest."). Aus dem letzten Satz hat man dann später den hübschen Reim gebastelt: *si tacuisses, // philosophus mansisses* (wenn du geschwiegen hättest, wärest du Philosoph geblieben).

Anicius Manlius Torquatus Severinus Boethius (um 480 bis um 524), kurz nach dem Untergang des weströmischen Reiches geboren, stammte aus altem römischem Adel und war Konsul sowie „magister officiorum" (eine Art Kanzler) des Ostgotenkönigs Theoderich. Seine Lebensaufgabe sah er darin, den neuen Völkern ein wenig von der antiken Kultur und vor allem von der antiken Philosophie zu vermitteln. Schon sein Vater war unter dem Skiren Odoaker, dem germanischen Heerführer, der den letzten weströmischen Kaiser Romulus Augustulus abgesetzt hatte, als Praefectus Praetorio hoher Verwaltungsbeamter und Konsul von Rom gewesen. Und Boethius durfte es sogar erleben, dass seine beiden Söhne Konsuln wurden. Es lief also, scheint es, alles bestens – bis eben zu der Zeit, als er sein „intellexeram, si tacuisses" *(si tacuisses, philosophus mansisses)* formulierte. Da saß er nämlich im Knast. Die Sentenz stammt aus seinem Werk „Consolatio philosophiae" (Trost der Philosophie), das im Gefängnis entstand. Man hatte ihn nämlich des Hochverrats beschuldigt. Ob er da vielleicht auch darüber sinnierte, dass er lieber mal den Mund gehalten hätte? Wahrscheinlich nicht. Denn man geht davon aus, dass er nur das Opfer einer üblen Verleumdung geworden war. Dennoch wurde er nach langem Gefängnisaufenthalt schließlich hingerichtet.

sic transit gloria mundi

Gerade den erfolglosen Bildungsbürger beruhigt es ja enorm, wenn er den Stern eines Erfolgreicheren untergehen sieht. Das kommentiert er dann gern in der seufzenden Gelassenheit eines altgriechischen Weisen, allerdings auf Lateinisch mit: *Sic transit gloria mundi* (So vergeht der Ruhm der Welt). Der Spruch stammt aus der – einst noch reichhaltigeren – Ritenwelt der katholischen Kirche. Es gehört nämlich zum Ritus der Inthronisation eines neuen Papstes, im Petersdom dreimal hintereinander ein Bündel Werg zu verbrennen, während der Geistliche, der die entsprechende Liturgie leitet, dazu jedes Mal die Worte *Sic transit gloria mundi* spricht. Auf diese Weise an die Vergänglichkeit des Irdischen ermahnt wurde offensichtlich schon mindestens seit 1516. Denn da erschien ein Buch des Bischofs von Pienza, Augustinus Patricius, über kirchliche Riten, in dem auch dieser Ritus zu finden ist.

sine ira et studio

Also, dass Publius Cornelius Tacitus (um 55 bis nach 115) auf der Bärenhaut gelegen habe, statt ordentlich zu recherchieren, bevor er sein Werk „Germania“ geschrieben hat, wollen wir ja wirklich nicht behaupten. Aber dass – wie er behauptet – die Germanen üblicherweise auf ebenderselben Haut gelegen hätten, statt was Ordentliches zu arbeiten, dürfte doch eher einem damals gängigen Klischee, also gefühltem Wissen, entsprochen haben als den Realitäten. (Die Wendung „auf der Bärenhaut liegen“ geht übrigens tatsächlich auf Tacitus zurück.) In solch einem Klischee aber steckt doch immer wieder gern jede Menge Ressentiment, mithin Missgunst und Eifer. In seinem Werk „Germania“ steckt aber ansonsten weniger Missgunst als eher der Eifer *(studio)*, seinen römischen Mitbürgern eine nicht dekadente, einfache und kämpferische Art zu leben vorzuführen. Und in dieser Richtung interpretiert Tacitus das germanische Leben auch.

Dabei war sich Tacitus eigentlich der Gefahr bewusst, in die Klischeefalle zu tappen, und hatte in einem anderen Werk, den „Annales“ (Annalen), noch ausdrücklich zugesichert, er wolle sich um eine objektive, sachliche Darstellung der geschichtlichen Ereignisse und Verhältnisse bemühen, er wolle *sine ira et studio* (ohne Zorn und Eifer) an die Sache herangehen: „Inde consilium mihi pauca de Augusto et extrema tradere, mox Tiberii principatum et cetera, *sine ira et studio,* quorum causas procul habeo“ (Daher habe ich vor, einiges über Augustus und dessen Ende zu überliefern, nächstens die Herrschaft des Tiberius und das Übrige, ohne Zorn und Eifer, deren Gründe mir fernliegen). Wie war das noch mit der Formulierung in Arbeitszeugnissen: „Er hat sich immer sehr bemüht ...“?

Skandal → skandieren

skandieren

Skandiert (rhythmisch gesprochen, gerufen) wird ja besonders in Fußballstadien gern und viel, etwa: „Wir wolln euch kämpfen sehn“ (Videamus vos pugnare) oder „Ohne Holland fahrn wir zur WM“ (Sine Batavia ad principatum totius terrarum orbis vademus) oder „Schalke 04 – die Seuche vom Revier“ (Calvarum Locus MCMIV – lues Ripariae) oder, oder, oder. Manche erinnern sich aber vielleicht eher an das „Ho, Ho, Ho Chi Minh“ der 68er-Zeit. Vorbild für *skandieren* ist das lateinische Verb *scandere* (hochsteigen, besteigen) und das ist über ein paar indoeuropäische Ecken durchaus verwandt mit dem griechischen *skándalon* (Fallstrick, Ärgernis), worauf das kirchenlateinische *scandalum* und unser *Skandal* zurückgehen: Wer eine Falle besteigt *(scandere)* wird wahrscheinlich das *skandàlethron* (Auslösevorrichtung in einer Falle) auslösen – ärgerlich, *skandalös.* Und Schalke war doch immer für einen *Skandal* gut, oder?

Skrupel

Wird man seine *Skrupel* los, ist man skrupellos. Gelingt einem das nicht, können einen die *Skrupel* piesacken wie spitze Steinchen im Schuh. Und damit sind wir den *Skrupeln* sozusagen auf den Fersen. Denn *Skrupel* ist eine trickreiche Entlehnung des 16. Jahrhunderts aus lateinisch *scrupulus* (spitzes Steinchen), der Verkleinerungsbildung zu *scrupus* (scharfer, spitzer Stein), und zwar in übertragener Bedeutung.

Der wörtlichen Bedeutung näher war da schon die Verwendung von *Skrupel* als altes Apothekergewicht. So unterteilte man etwa das Wiener Medizinal-Pfund wie folgt: 1 Pfund = 12 Unzen = 24 Loth = 96 Quintlein (→ Quantum) oder Drachmen = 288 *Skrupel* = 5760 Gran.

skurril

Das Adjektiv *skurril* ist schon ein witziges Wort. Es wurde nämlich im 17. Jahrhundert aus lateinisch *scurrilis* (übertrieben witzig) entlehnt, zunächst aber in der Form *skurrilisch*. Das lateinische Adjektiv ist dem Substantiv *scurra* (Tagedieb, Possenreißer, Witzbold) zuzuordnen, das wiederum wohl auf das Etruskische zurückgeht.

Socke

Die *Socke*, althochdeutsch: *soc*, ist eine frühe Entlehnung (9. Jh.) aus lateinisch *soccus*. Damit war ein leichter Schuh gemeint. Da er meist aus textilen Geweben hergestellt war, konnte das Wort dann auch leicht die heutige Bedeutung annehmen. Besonders beliebt waren solche Schuhe bei Komödienschauspielern. Und es kann durchaus sein, dass die Römer diese Schuhe am griechischen Theater kennengelernt hatten. Denn das lateinische *soccus* geht auf griechisch *sykchís, sýkchos* (eine Art Schuh) zurück.

Darauf geht übrigens auch das im 18. Jahrhundert aus französisch *socle* (Sockel) entlehnte Lehnwort *Sockel* zurück, und zwar über italienisch *zoccolo* (Sockel) und lateinisch *socculus* (kleiner Schuh, leichte Sandale), der Verkleinerungsform unseres bekannten *soccus*. Und woher das stammt, wissen wir ja bereits.

Sockel → Socke

Speicher

Wenn wir heute von *Arbeitsspeichern* und *speichern,* bezogen auf das Computern, reden, ist das durchaus eine bildhafte, metaphorische Redeweise. Wir haben das Wort *Speicher* vom materialen Haus, der materialen Scheune auf die Computertechnologie übertragen. Unser Lehnwort *Speicher,* althochdeutsch: *sphhari,* ist aus spätlateinisch *spicarium* (Getreidespeicher) entlehnt. Zugrunde liegt lateinisch *spica* (Ähre, eigentlich: Spitze).

Speis, Speise → spenden

spenden

Das lateinische Verb *pendere* hat dem Deutschen doch eine Menge von Lehn- und Fremwörtern *spendiert* oder *gespendet* – wie man mag. Da wäre zunächst einmal das Verb *spenden,* das über althochdeutsch *spenton, spendon* aus mittellateinisch *spendere* (ausgeben, aufwenden) entlehnt wurde. Das mittellateinische Verb ist auf lateinisch *expendere* (gegeneinander aufwägen, abwiegen, auszahlen, ausgeben, aufwenden), aus *e[x]* (aus) und *pendere* (wägen, schätzen; zahlen), zurückzuführen. Das mit romanischer Endung gebildete Verb *spendieren* (schenken, ausgeben, freihalten) kam zu Beginn des 17. Jahrhunderts hinzu.
Das Wort *Spind* stammt aus der Kommisssprache und geht auf mittelniederdeutsch *spinde* (Schrank) zurück, das wiederum aus mittellateinisch *spinda, spenda* (Gabe, Vorrat zum Verteilen, Vorratsbehälter) entlehnt ist und ebenfalls zu *spendere* und damit auch zu *expendere* gehört.

Auf *expendere* geht auch das Lehnwort *Speise* zurück, althochdeutsch: *spisa,* und zwar über das in Klöstern gebräuchliche mittellateinische *spe[n]sa* (Ausgaben, Aufwand, Nahrung). Dem wiederum liegt lateinisch *expensa [pecunia]* (Ausgabe, Aufwand) zugrunde, mit *expensum,* dem Partizip Perfekt Passiv von *expendere.* Über italienisch *spesa* (Ausgabe, Aufwand) lieferte *expensa pecunia* letztlich auch unsere *Spesen. Speise* wird dann im Mittelhochdeutschen fachsprachlich auch in der Bedeutung „Metalllegierung" (für den Glockenguss) verwendet und später auch in der Bedeutung „Mörtel", was sich regional bis heute gehalten hat.
Lassen wir doch mal *ex* weg bei unserem *expendere,* dann sind wir bei *pendere* (an die Waage hängen, wägen) angelangt, das für den deutschen Wortschatz auch ganz allein schon produktiv ist. So wurde aus diesem Verb, besser gesagt aus dessen substantiviertem Partizip Perfekt Passiv *pensum* (Tagesarbeitssoll), im 17. Jahrhundert das Fremdwort *Pensum* entlehnt. Ursprünglich war mit *pensum* die Menge an Wolle gemeint, die einer Spinnerin als Tagesarbeit zugewiesen wurde.
Sehr früh dagegen entlehnt wurde das Gewichtsmaß *Pfund* aus lateinisch *pondo* (dem Gewichte nach, Pfund), das ebenfalls zu *pendere* gehört.
Letztlich geht auch das im 15. Jahrhundert aus dem Französischen entlehnte Fremdwort *Pension* auf *pendere* zurück, und zwar über das entsprechende lateinische Substantiv *pensio* (das Abwägen, die Bezahlung). Zunächst wurde *Pension* im Sinne von „Gehalt, Besoldung" verwendet, ab dem 18. Jahrhundert dann im Sinne von „Altersrente". Schon um 1700 war auch die Bedeutung „Kostgeld, Beiträge für Kost und Logis in einer Erziehungsanstalt" üblich. Da lag es vielleicht nahe, dass ab dem 18. Jahrhundert auch diese Anstalten selbst mit *Pension* bezeichnet wurden und ab dem 19. Jahrhundert auch „Fremdenunterkünfte" allgemein.

Spesen, Spind → spenden

Status

Wer mit der Stellung, die er/sie gesellschaftlich erreicht hat, ganz zufrieden ist, demonstriert diese ja gern auch schon mal symbolisch: über die berüchtigten *Status*symbole. *Status* meint den erreichten, also aktuell vorfindlichen Stand der Verhältnisse eines Menschen, der Gesundheit, der Wirtschaft, eines Landes und, und, und. Das Wort geht auf das lateinische Substantiv *status* (das Stehen, der Stand, die Stellung) zurück, dies wiederum auf das Verb *stare* (stehen). Der mindestens halbgebildete Besserwisser weiß „selbstverständlich", dass *Status* zu einer Reihe von Verbsubstantivierungen zählt, die im Deutschen die Plural- und Genitivbildung der ursprünglichen lateinischen u-Deklination übernommen haben. Das heißt, der Genitiv im Singular und der Plural von *Status* ist geschrieben auch *Status,* allerdings anders als der Nominativ Singular mit lang gesprochenem u: des *Status,* die *Status* [...tu:s] (auf keinen Fall: die **Stati,* genauso funktionieren: Kasus, Koitus, Lapsus, Usus u. a.).
Bildungssprachlich sind auch etliche Wendungen mit *Status* als Kern im Umlauf. Da kriegt man fast, „Whatever You Want", um es mit dem Titel eines Hits der britischen Rockgruppe *Status Quo* zu sagen. Mit *Status quo* (= der Stand, in dem) meint man, wenn es mal gerade nicht um Rock geht, den gegenwärtigen Zustand (vor allem Rechtszustand). Davon zu unterscheiden wären dann der Zustand vor dem fraglichen Ereignis oder (Rechts-)Zustand: der *Status quo ante,* mit *ante* (vor, vorher), und natürlich der Zustand nach dem fraglichen Ereignis oder (Rechts-)Zustand: der *Status post quem,* mit *post* (nach, nachher).

Stiel

Das Substantiv *Stiel,* das weiß man, heißt eigentlich schon immer sowohl „stabartiger Griff an Geräten" als auch „Pflanzenstängel".

Was man nicht so genau weiß, ist, ob *Stiel* ein Erbwort aus dem Germanischen ist und damit indoeuropäisch urverwandt mit lateinisch *stilus* (spitzer Pfahl, Stängel, Griffel, Schreibart, Stil) oder ob das lateinische *stilus* als gärtnerischer Fachausdruck ins Deutsche bzw. Germanische entlehnt wurde.
Dagegen ist *Stil* ganz sicher aus lateinisch *stilus* entlehnt. Seit dem 15. Jahrhundert ist das Wort belegt. Dass man sich bei *Stiel* nicht so sicher ist, kann man schade finden, sollte das aber, um mit Bruno Labbadia zu sprechen, nicht so „hochsterilisieren".

Stil → Stiel

stopfen

Besonders beim Bankkonto ist es einem durchaus vertraut, dass sich doch immer wieder Löcher auftun, in denen das mühsam Erworbene sogleich wieder unauffindbar verschwindet. Ach, könnte man diese Löcher doch einmal endgültig *stopfen* ... Mit Werg? Warum ausgerechnet damit? Nun, weil das im Wort *stopfen* gewissermaßen drinsteckt, geht es doch über althochdeutsch *(bi-, ver)stopfon* und mittellateinisch *stuppare* (ein Loch schließen) auf lateinisch *stuppa* (Werg) zurück. Ursprünglich bedeutete das Verb (seit dem 9. Jh.) so viel wie „ein Loch schließen", später bekam es die Bedeutung „füllen" und „hineinstecken". Erst im 18. Jahrhundert dann wurde es auch in der Bedeutung verwendet „etwas mit Nadel und Faden ausbessern". (Das lateinische Substantiv *stuppa* ist seinerseits aus dem griechischen *styppe* [Werg] entlehnt.)

Straße

Wenn man auf die *Straße* gesetzt wird, sitzt man geradezu mit dem Hintern auf dem Lateinischen. Denn *Straße* ist eine Entlehnung aus spätlateinisch *via strata* (gepflasterter Weg), mit *via* (Weg) und *strata* (gepflastert), dem Partizip Perfekt Passiv von *sternere* (ausbreiten, streuen, pflastern).

Struktur → destruktiv

Subjekt

Es gab sie tatsächlich mal, wirklich wahr, die Zeiten, in denen Staatsminister noch die Muße und vor allem die intellektuelle Kapazität besaßen, die Philosophie und Logik ihrer Zeit ein gehöriges Stück voranzubringen. Ein solcher Staatsminister war Anicius Manlius Torquatus Severinus Boethius. Zugegeben, das ist schon eine Weile her: Damals war es, so um 500 n. Chr., als der Ostgote Theoderich Kaiser des weströmischen Reiches war und versierte wie verlässliche heimische Politiker brauchte, zum Beispiel unseren Boethius. Der wollte in Zeiten des Niedergangs noch etwas von altrömischer Bildung retten, und dazu gehörte es, dass er die klassische griechische Philosophie den gebildeten Lateinsprechenden seiner Zeit vermittelte. Allerdings gab es nicht für alle griechischen philosophischen Fachtermini lateinische Entsprechungen. Also dachte er sich flugs welche aus und mit einigen davon haben wir heute noch zu tun. Dazu gehört das in Aristoteles' Kategorienschrift zentrale „hypokeimenon" (das Zugrundeliegende), das Boethius mit *subiectum* übersetzte. Gemeint war damit das, was in einem logischen Elementarsatz als das Bekannte vorausgesetzt wird und dem man dann ein logisches Prädikat zuordnet, oder auch das grammatische *Subjekt* eines Satzes. Das *Subjekt* als ein Wesen, sofern es denkt, erkennt und handelt, führte erst René Descartes im 17. Jahrhundert ein. Ins Deutschen übernommen wurde das Fremdwort *Subjekt* aus Boethius' *subiectum* im 16. Jahrhundert.

subtrahieren → abstrakt

Subvention

Materielle Vorteile (seien es direkte Finanzhilfen oder auch Steuervorteile), die ein Staat Unternehmen gewährt, ohne dass diese eine unmittelbare marktmäßige Gegenleistung dafür zu erbringen hätten, nennt man gemeinhin *Subventionen.* Nicht so im Europarecht, da heißen diese Beihilfen schlicht Beihilfen, was dann aber auch wieder nicht so weit weg ist von *Subventionen.* Denn das Substantiv *Subvention* wurde im 18. Jahrhundert aus lateinisch *subventio* entlehnt, und das heißt „Beistand, Hilfeleistung". Dabei handelt es sich um eine Substantivierung des Verbs *subvenire* (darunterkommen, zu Hilfe kommen), aus *sub* (unter) und *venire* (kommen), wie zum Beispiel bei Tacitus: „Reliquis praematura montis Haemi et saeva hiems *subvenit*" (Den Restlichen half der frühe und grimmige Winter des Hämusgebirges).

Suizid → -zid

Takt, tangieren → integer

Teufel

„Mich plagen keine Skrupel noch Zweifel, // fürcht mich weder vor Höll noch *Teufel*", so gibt Faust in der nach ihm benannten Tragödie ganz schön an und schreckt damit nicht davor zurück, den *Teufel* an die Wand zu malen – obwohl der eh im Detail steckt und in Redensarten ohne Ende. Die Details der *teuflischen* Wortgeschichte haben es aber auch durchaus in sich: Zunächst ist nicht ganz klar, ob das Wort *Teufel,* mittelhochdeutsch: *tiuvel, tievel* und althochdeutsch: *tiufal,* über die arianische Mission aus gotisch *diabaúlus, diabulus* ins Deutsche gelangt ist oder ob es wie das gotische Wort direkt aus kirchenlateinisch *diabolus, diabulus* entlehnt wurde. Jedenfalls verdrängte es ab dem 8. Jahrhundert die entsprechende heimische Bezeichnung „unholdo". Das kirchenlateinische Wort geht auf griechisch *diábolos* (verleumdend, schmähend, Verleumder) zurück. (Im Alten Testament steht *diábolos* ganz allgemein für „Widersacher, Feind", während

im Neuen Testament explizit der *Teufel* gemeint ist.) *Diá-bolos* ist zu beziehen auf das Verb *diabállein* (durcheinanderwerfen, entzweien, schmähen), eine Zusammensetzung von *dia-* (auseinander; durch, hindurch, zwischen) und *bállein* (werfen, treffen).
Auch die Bezeichnung *Satan,* althochdeutsch: *satanas,* führt zunächst über kirchenlateinisch *satan, satanas* ins Griechische, und zwar auf *satanas,* das dann aber noch bis zu hebräisch *satan* (Widersacher, Feind; böser Engel) und schließlich bis zum Verb *satan* (nachstellen, verfolgen) weiterverfolgt werden kann.
Die Rolling Stones forderten ja einst etwas „sympathy for the devil" ein und ließen in ihrem berühmten Song den Teufel selbst zu Wort kommen: „Just call me *Lucifer.*" Die kirchenlateinische Bezeichnung *Luzifer* für den Teufel ist ursprünglich der Beiname der Venus, des Morgensterns. Denn als Morgenstern bringt sie das Licht und *Luzifer* heißt nichts anderes als „Lichtbringer", von lateinisch *lux,* Genitiv: *lucis* (Licht), und *ferre* (tragen, bringen). Dass die Bezeichnung *Luzifer* dann von der Venus auf den Teufel übergegangen ist, lässt sich zurückführen auf den Mythos, die Venus sei auf den Teufel gestürzt, den von Gott abgefallenen Engel: „Wie bist du vom Himmel gefallen, Glanzgestirn, Sohn der Morgenröte! Wie bist du zu Boden geschmettert, du, der alle Völker versklavte!" (Jesaja 14, 12).

Text

So, erst einmal weiter im *Text:* Es ist ja fast schon eine Binsenweisheit, dass mehrere hintereinandergestellte Sätze noch lange keinen *Text* machen. Vielmehr müssen es schon Sätze sein, die ein Thema entwickeln, das Thema des *Textes* eben, die mithin gedanklich miteinander verwoben sind. Und genau das heißt *Text:* Verwobenes. *Text* wurde im 14. Jahrhundert aus lateinisch *textus* (Gewebe, Zusammenhang, Text) entlehnt, das auf das Verb *texere* (weben, flechten) zu beziehen ist. Nicht davon abgeleitet, aber indoeuropäisch verwandt ist *texere/Textus* mit der griechi-

schen „techne“, der wir – übrigens auch über das Lateinische vermittelt – unser Fremdwort „Technik“ verdanken.
Und kein großes Erstaunen wird die Bemerkung generieren, dass auch unsere *Textilien* über französisch *textile* und lateinisch *textilis* (gewebt, gewirkt) zu *texere* gehören. Das gilt auch für die bildungs- und fachsprachliche *Textur,* von lateinisch *textura* (Gewebe).

Tinktur → Tinte

Tinte

Dass wir manchmal ganz schön in der *Tinte* sitzen können, verdanken wir natürlich auch mal wieder den alten Römern. Denn *Tinte* wurde über mittelhochdeutsch *tin[c]te* und althochdeutsch *tincta* im 8. Jahrhundert aus dem mittellateinischen *aqua tincta* (gefärbtes Wasser) entlehnt. Zugrunde liegt das Partizip Perfekt Passiv *tinctum* (gefärbt) des lateinischen Verbes *ting[u]ere* (befeuchten, färben).
Auch die im 16. Jahrhundert aus lateinisch *tinctura* (das Färben) entlehnte *Tinktur* geht letztlich auf *ting[u]ere* zurück. (Sprachlich verwandt sind übrigens ebenfalls das lateinische Verb *ting[u]ere* und das deutsche Verb „tunken“, sie gehen auf eine gemeinsame indoeuropäische Wurzel zurück.)

Torpedo

Wie stolz war man doch als Kind, wenn man sein erstes Fahrrad mit richtiger Gangschaltung bekommen hatte, meist war es ja eine *Torpedo*-Dreigangschaltung. Die war relativ harmlos. Durchaus Harm verbreitet dagegen das Unterwassergeschoss gleichen Namens. Und auch nicht immer so harmlos ist der zugrunde liegende lateinische *torpedo* (der Zitterrochen, der bei Berührung durch elektrische Schläge lähmt). Nach ihm war im 19. Jahrhundert das Geschoss benannt worden. Eigentlich heißt *torpedo* so viel wie „Erstarrung, Lähmung, Dumpfheit“ und es gehört zu *torpere* (ohne Bewegung / betäubt / erstarrt sein).

trachten

Zu den am wenigsten schmückenden Trachten zählen die Zwietracht und die Niedertracht. „Trachten“ und auch „Niedertracht“ oder „Zwietracht“ sind auf das heimische Verb „tragen“ zu beziehen, während, wer nach Höherem *trachtet,* nur allzu bald ins Lateinische verwiesen ist. Denn das Verb *trachten* geht über das althochdeutsche *trahton* (8. Jh.) auf lateinisch *tractare* (herumzerren, behandeln, sich mit etwas beschäftigen) zurück, dies wiederum als Intensivum auf *trahere* (ziehen), dem wir etliche Fremdwörter verdanken (→ abstrakt).
Während man *trachten* durchaus als etwas gehoben *betrachten* kann, ist die Präfixbildung *betrachten* wirklich als ganz gebräuchlich zu *betrachten.* Das entsprechende althochdeutsche *bitrahton* bedeutete allerdings zunächst wie *trachten* so viel wie „bedenken, streben“ und gewann erst in frühneuhochdeutscher Zeit (15. Jh.) über „nachdenklich ansehen“ die heute übliche Bedeutung. In *Betracht* zu ziehen und in die *Betrachtungen* einzuschließen sind hier selbstredend auch *Betracht, Anbetracht* und *Betrachtung.*

trainieren, Traktor → abstrakt

transpirieren → inspirieren

Trichter

Die römische Weinbaukultur hat die Germanen so begeistert, dass sie diese flugs übernommen haben und damit auch viele Wörter dieses Arbeitsgebiets. Eines davon ist *Trichter,* das über mittelhochdeutsch *trahter, trehter, trihter* und spätalthochdeutsch *trahtare, trahter, traehter* schon im 13. Jahrhundert aus lateinisch *traiectorium* (Hinüberwerf-, Hinüberschüttgerät) entlehnt wurde.

Das Substantiv *traiectorium* gehört zu *traicere* (hinüberwerfen, -bringen, -schütten), aus *trans* (hinüber) und *iacere* (werfen, schleudern).
Das Verb *eintrichtern* ist seit dem 16. Jahrhundert belegt, allerdings zunächst nur in der wörtlichen Bedeutung „Flüssigkeit durch einen Trichter einfüllen". Die übertragene Bedeutung „jemandem etwas mühsam beibringen" kam erst im 18. Jahrhundert hinzu.

tünchen

Unschönes oder Unebenheiten *übertüncht* man ja schon einmal ganz gern, man verkleidet sie: so etwa die zu wohlgenährten Leiber römischer Senatoren mit einer *Tunika* und einer schicken Toga oder eher raue Fassaden mit einem hübschen Kalkputz, einer *Tünche*. Letztere hat sich die Bezeichnung im 9. Jahrhundert von Ersterem ausgeliehen. Denn über althochdeutsch *tunihhon* gehen *tünchen* und *Tünche* auf das lateinische *tunica* (Tunika, Untergewand) zurück. (Allerdings: Das Wort *tunica* haben auch die Römer nicht selbst erfunden, sondern aus dem Semitischen übernommen.)

turnen

Wer irgendwo herum*turnt,* hat da eigentlich nichts zu suchen und bewegt sich zudem ziemlich gespreizt, auch im übertragenen Sinne. Gewollt ist die gespreizte Bewegungsart beim entsprechenden Sport. Für diese Art der Bewegung hatte *Turnvater* Jahn, Gott hab ihn selig, im 19. Jahrhundert das Verb *turnen* extra eingeführt. Dazu konnte er die Bedeutungen zweier älterer Wörter kontaminieren, nämlich althochdeutsch *turnen* (drehen, wenden) und frühneuhochdeutsch *Turner* (junger Kämpfer, einer Bildung zu *Turnier*). Beide gehen letztlich, *Turner* über französisch *Turnier* und altfranzösisch *torn[e]ier/tourn[o]ier,* auf lateinisch *tornare* (drechseln, rund machen) zurück.

Ultima Ratio → Ratio

Universität, Universum → kontrovers

Vagina

Einem um Heiratserlaubnis nachsuchenden Offizier soll Friedrich der Große ja beschieden haben: „Meine Offiziere sollen ihr Glück mit dem Schwert machen und nicht mit der Scheide!“ Hätte er es auf Latein gesagt, dann vielleicht so: „Praefecti mei rebus suis consulant gladio, non *vagina!*“ Auch auf Latein hätte das deftige Wortspiel also funktioniert. Denn mit *vagina* ist im Lateinischen zwar eigentlich die Schwertscheide gemeint, aber im übertragenen Sinne kann das Wort für jedes ähnliche Behältnis verwendet werden, zum Beispiel durchaus auch für die weibliche Scheide oder für eine Schote. Letztere Bedeutung von *vagina* liegt der Bezeichnung *Vanille* zugrunde. Schon im 17. Jahrhundert wurde das Wort (zunächst in der Form *Vanilla*) aus dem spanischen *vainilla* (Scheidchen, Schötchen) entlehnt, einer Verkleinerungsform von *vaina* (Scheide, Schote). Und *vaina* geht natürlich auf lateinisch *vagina* zurück. Die heutige Form des Wortes *Vanille* ist vom französischen *vanille* beeinflusst, wird aber im Deutschen „wanille“ bzw. „wanilje“ ausgesprochen.

Vakuum

Da beklagt Udo Lindenbergs Antiheld: „Die Musik ist laut, und die Leute sind stumm. // Die hängen da rum und manche gucken sehr dumm, // so als hätten sie in ihren schönen Köpfen leider nur ein *Vakuum.*“ Belegt ist das Substantiv *Vakuum* seit dem 17. Jahrhundert. Es ist abgeleitet aus dem substantivierten Neutrum des Adjektivs *vacuus* (leer). Das wiederum ist zu beziehen auf das Verb *vacare* (leer sein). Aus dessen Partizip Präsens Aktiv *vacans,* Genitiv: *vacantis* (leer/frei seiend), ist übrigens im 17. Jahrhundert das Adjektiv *vakant* entlehnt worden. Schon seit

dem 15. Jahrhundert nicht mehr *vakant* (frei, unbesetzt) ist die Stelle der vom mittellateinischen *vacantia* abgeleiteten *Vakanz* (vakante, das heißt unbesetzte, freie Stelle).
Der berüchtigte *Horror Vacui* (das Grauen vor dem Leeren) reicht weit zurück – bis ins Mittelalter, eigentlich sogar bis zu Aristoteles. Die aristotelische Physik ging nämlich davon aus, dass die Natur eine gewisse Aversion gegen den leeren Raum hege, und bis zur Entdeckung des Luftdrucks durch Evangelista Torricelli im Jahr 1644 folgte man dieser These. Und so lag der französische Dichter François Rabelais (um 1494 bis 1553) voll im Mainstream, wenn er in „Gargantua und Pantagruel" vertritt: „Natura abhorret vacuum" (die Natur schreckt vor dem Leeren zurück). Das war die Geburtsstunde des uns geläufigen *Horror Vacui.*
Was haben wir noch? Ach ja: das Verb *evakuieren.* Es wurde im 16. Jahrhundert aus *evacuare* (entleeren) entlehnt, *e* (aus) und *vacuare* (leer machen), und hat verschiedene Anwendungen erlebt. In der speziellen Bedeutung „Menschen aussiedeln" wurde es allerdings erst im 20. Jahrhundert aus dem Französischen übernommen.

Vanille → Vagina

Veilchen

Das *Veilchen,* das uns am Wege oder im ungünstigeren Fall auch mal rund ums Auge blüht, war früher mal eine veritable *Vei[e]l,* im Mittelhochdeutschen eine *viel,* im Frühmittelhochdeutschen eine *viol[e]* und im Althochdeutsche eine *viola* und damit eigentlich dasselbe wie im Lateinischen, nämlich *viola* (Levkoje, Veilchen, violett), aus dem das Wort im 11. Jahrhundert entlehnt wurde.

veni, vidi, vici

„Neue und ungebräuchliche Wörter meide wie eine Klippe", wird als Zitat aus einem verloren gegangenen Cäsar-Werk über das

richtige Schreiben („De analogia") überliefert. Und so würde auch das militärisch knappe *veni, vidi, vici* (ich kam, ich sah, ich siegte) Cäsar recht passabel stehen. Zumindest wird ihm dieser Ausspruch von seinem Biografen Plutarch zugesprochen. Cäsar hatte 47 v. Chr., am fünften Tage nachdem er in Pontus eingetroffen war, innerhalb von vier Stunden bei Zela das Heer von Pharnakes II., dem Sohn des Mithridates, vollständig besiegt und er soll seinem Freund Amantius in einem Brief in ebendieser knappen Weise davon berichtet haben. Knapp, aber trickreich: Cäsar (wenn er's war) bringt doch gleich fünf rhetorische Figuren in den gerade mal zwölf Buchstaben unter: einen dreifachen Parallelismus, ein Versmaß (mit drei Tröchäen), eine dreifache Alliteration, einen dreifachen Endreim und eine dreistufige Klimax – nicht ganz schlecht.
Natürlich bietet es sich geradezu an, solch einen Spruch für die eigenen Zwecke zu variieren. So münzte der katholische Kaiser Karl V. das Wort nach seinem Sieg bei Mühlberg, der ihm die Herrschaft über die Lutherstadt Wittenberg brachte, stolz und bigott um in: *veni, vidi, deus vicit* (ich kam, ich sah, Gott siegte) – und hat damit natürlich den rhetorischen Gag des Originals kaputt gemacht. Noch recht hübsch die Verballhornung der deutschen Übersetzung: „Ich kam, ich sah, ich siechte."

verpönt → Pein

Vers, Version → kontrovers

Virus

Virus gehört zur großen Menge der im 19. Jahrhundert neu geschöpften wissenschaftlichen Fachtermini und geht zurück auf lateinisch *virus* (Schleim, Gift, Gestank, widerlicher Geschmack). Nicht ganz klar ist, ob das entsprechende französische respektive englische *virus* da vermittelt haben.

vita brevis, ars longa

„Das Leben ist kurz, die Kunst ist lang, die Gelegenheit flüchtig, der Versuch gefährlich, die Entscheidung schwer", dieser Aphorismus soll aus dem Munde respektive der Feder des griechischen Arztes Hippokrates (um 460 bis um 370 v. Chr.) stammen, des prominentesten Vertreters der Ärzteschule von Kos. Allerdings kann keine der über 60 Schriften, die unter seinem Namen tradiert wurden, ihm wirklich gesichert zugeschrieben werden. Die auf *vita brevis, ars longa* (das Leben ist kurz, die Kunst ist lang) eingedampfte Form verdanken wir wohl dem Lehrer Neros, dem Dichter, Philosophen und Politiker Lucius Annaeus Seneca (4 v. Chr. bis 65 n. Chr.). Denn ebendieser hat in seinem Dialog „De brevitate vitae" (Über die Kürze des Lebens) den Hippokrates so zitiert: „Inde illa maximi medicorum exclamtio est, ‚vitam brevem esse, longam artem'" (Von da stammt jener Ausruf des größten der Ärzte, dass das Leben kurz sei, die Kunst lang). Und die Kürze des Lebens hat dann auch Seneca in einer besonderen, wenn auch ganz anderen als der hier angedachten Art erwischt: Kaiserin Agrippina hatte Seneca einst mit der Erziehung ihres Sohnes Nero betraut. Während der ersten fünf Jahre der Regierung Neros leitete Seneca in gewisser Weise das gesamte Römische Reich und wusste seinen Einfluss auf Nero auch für seine persönlichen Belange zu nutzen (nach dem Motto: „Wein trinken und Wasser predigen") – was ihm wiederum die heftige Kritik einiger Zeitgenossen einbrachte. Mit der Ermordung Agrippinas aber sank sein Stern und er zog sich vom Kaiserhofe zurück. Schließlich wurde er sogar als – vielleicht nur vermeintlicher – Mitwisser an einer Verschwörung gegen Nero genötigt, sich selbst zu töten.

Vitrine → in vitro

Volvo → audio-

Wall

Im Zweiten Weltkrieg sollten die Panzersperren des *Westwalls* den Vormarsch der Alliierten bremsen, heute dienen die Reste seltenen Tieren und Pflanzen als Rückzugsraum. Die alten Römer wollten sich mit der *Wallanlage* des Limes die Germanen vom Leibe halten. Letztere haben von Ersteren dann die Bezeichnung *Wall* entlehnt, und zwar von lateinisch *vallum*. Die Römer meinten damit allerdings noch nicht die gesamte Aufschüttung aus Erde oder Steinen, sondern nur das darauf befindliche Pfahlwerk, *vallum* ist nämlich von *vallus* (Pfahl, Palisade) abgeleitet.

Wallach, Walnuss → welsch

Wanne

Es ist ein vielleicht ziemlich plumper, aber eigentlich doch recht netter Scherz, dass Castrop-Rauxel der lateinische Name von Wanne-Eickel sei. Lateinisch ist weder das eine noch das andere. Eben auch nicht das uns hier interessierende „Wanne". Während der Name des Stadtteils Wanne auf „Gewann" (in mehrere Streifen aufgeteiltes [Acker]gelände) zurückgeht, verweist *Wanne* (althochdeutsch *wanna*) als längliches, oben offenes Gefäß (das, worin wir auch gern mal planschen) auf lateinisch *vannus* (Schwinge, Wanne), aus dem es im 9. Jahrhundert entlehnt wurde.

Weiher

Von der Stockente bis zum Blesshuhn, von der Ringelnatter bis zur Blindschleiche, von der Karausche bis zum Schlammbeißer, von der Libelle bis zum großen Wasserfloh: An, in und über so einem richtig krautigen *Weiher* wuselt das pure Leben. Ja, und das drückt sich insgeheim auch im Wort selbst aus. Denn *Weiher* (althochdeutsch *wi[w]ari*) wurde im 12. Jahrhundert aus lateinisch *vivarium* (Tierkäfig, Tiergarten, Fischteich) entlehnt (so gab es in Colonia Agrippina [= Köln] im 2. Jahrhundert einen Bärenkäfig, der mit *vivarium* bezeichnet wurde). Das Substantiv *vivarium* ist eine Substantivierung von *vivarius* (zu lebenden Tieren gehörig), das zu *vivus* (lebendig, lebend) gehört. Dies wiederum ist auf das Verb *vivere* (leben) zu beziehen.

Weiler

Wenn man im Rheinland weilt, *„weilert"* es schon arg. *Ahrweiler, Auweiler, Brauweiler, Eschweiler, Etzweiler, Gereonsweiler, Kinzweiler, Mariaweiler, Hasselsweiler* und, und, und: An Ortsnamen auf *-weiler* kommt man kaum vorbei. Auch an der Mosel, in Schwaben, Franken und im Elsass trifft man auf sie. Entlehnt wurde das Wort über mittelhochdeutsch *wiler* und althochdeutsch *-wilari* (dort nur als Grundwort von Ortsnamen) im 12. Jahrhundert aus dem mittellateinischen *villari,* das wiederum von lateinisch *villa* (Landhaus) abgeleitet ist.

Wein

„Mir geht es wie dem Jesus, nur hab ich nicht die Klasse. // Denn ich verwandle nur den Wein in Wasser, das ich lasse." (Aus einem Wolfgang-Ambros-Lied)

Tja, da kann man dem guten Wolfgang Ambros noch so reinen Wein einschenken: Letztlich wird's doch arg verwässert. Nicht anders ging das einst den alten und jungen Germanen, denen die Römer den reinen Wein eingeschenkt haben. Denn wie so viele Wörter aus der Landwirtschaft und dem Gartenbau wurde auch das Wort *Wein* (althochdeutsch *win*) aus dem Lateinischen entlehnt, und zwar bereits ins Germanische aus *vinum* (Wein). (Das ganze Weingetue kannten weder Römer noch Germanen: die Glücklichen!) Die Römer selbst haben das Wort wohl aus einer Sprache des Gebietes um das Schwarze Meer (= Pontus), der Wiege der Weinkultur, entlehnt (im Georgischen etwa heißt Wein „gwino"). Aber aus welcher Sprache genau, das

wissen die Etymologen nicht. Darum bleiben wir beim Lateinischen.
Und so führen wir also auch den *Winzer* (althochdeutsch *winzuril*) auf das Lateinische zurück, genauer auf *vinitor* (Weinleser, Winzer), woraus er im 9. Jahrhundert entlehnt wurde.

welsch

Die im 15. Jahrhundert zum ersten Mal erwähnte Mühle in Aachen verdankt ihren Namen *Welsche* Mühle indirekt dem Kaiserlichen Kapitän und Bürgerhauptmann N. C. Charlier, der den Betrieb 1780 übernommen hatte. Denn der neue Besitzer stammte wohl aus dem französischen Sprachraum, also dem *welschen,* das heißt romanischen (vor allem französischen, italienischen). Später wurde *welsch* auch – nicht selten abwertend – ganz allgemein für „fremdländisch, südländisch" verwendet. Zurück geht das Adjektiv auf *Volcae,* die lateinische Bezeichnung der Einwohner Galliens, bevor es von den Römern erobert worden war. Die Germanen entlehnten daraus **Walhos* als Bezeichnung für die Kelten (Gallier). Im Althochdeutschen wurde daraus *Wal[a]h,* im Mittelhochdeutschen *Walch.* Diesen Stamm finden wir heute in vielen geografischen Bezeichnungen wieder, zum Beispiel in *Wallonie* für den Französisch sprechenden Teil Belgiens (aus dem vielleicht unser Monsieur Charlier stammte, als es Belgien noch gar nicht gab), in *Welschschweiz* für die Französisch sprechende Schweiz, zudem aber auch in *Wales, Cornwall* und *Walachei.*
Lebendig ist der Stamm aber auch im – durchaus abwertenden – *Kauderwelsch. Kauderwelsch* (seit dem 16. Jh.) meinte ursprünglich wahrscheinlich das für viele schwer verständliche Rätoromanisch aus dem Rheintal bei Chur (im Tirolischen lautet Chur „Kauer"). Mit *Rotwelsch* ist dagegen die im 13. Jahrhundert entstandene Gaunersprache gemeint, die sich u. a. durch viele Wortschatzanleihen aus dem Jiddischen/Hebräischen und der Zigeu-

nersprache auszeichnet. *Rot-* ist vielleicht auf gaunersprachlich *Rot/rot* (Bettler / untreu, falsch) zu beziehen, dessen Herkunft unklar ist.
Aber auch unsere *Walnuss* ist in diesem Sinn eine *welsche* Nuss und im 18. Jahrhundert aus dem Niederdeutschen *walnut* übernommen worden als Übersetzung des mittellateinischen „nux gallica" – und übrigens auch im Englischen gebräuchlich: „The squirrel hides with pleasure // a *walnut* as a treasure" (aus einem alten Schulbuch).
Und dass im 15. Jahrhundert aus der *Walachei* auch noch der *Wallach* in unseren Wortschatz getrabt ist, scheint irgendwie naheliegend. Aus dem Osten war nämlich in der Tat die Technik des Verschneidens übernommen worden.

Winzer → Wein

Zelle → Keller

zensieren, Zensus → Zins

Zeremonie

Meist wird ja das Wort *Zeremonie* auf der letzten Silbe betont. Die Betonung verschiebt sich aber auf die vorletzte Silbe, wenn das Wort in einer Zusammensetzung auftritt: *Zeremonienmeister*. Schon seltsam. Entlehnt wurde *Zeremonie* spätestens im 14. Jahrhundert aus mittellateinisch *ceremonia, cerimonia,* was auf lateinisch *caerimonia* (heilige Scheu, Heiligkeit, religiöse Handlung, Feierlichkeit) zurückgeht. Die Endbetonung (seit dem 16. Jh.) verdankt sich dem Einfluss von französisch *cérémonie*. Das Substantiv *Zeremoniell* wurde dann direkt aus dem Französischen entlehnt (um 1700) wie auch das Adjektiv *zeremoniell* (18. Jh.).
Es spricht einiges dafür, dass lateinisch *caerimonia* seinerseits

vielleicht entlehnt ist aus etruskisch **caerimo* (einige antike Schriftsteller stellen eine Verbindung zu der etruskischen Stadt *Caere* her).

-zid

Wenn das Wortbildungselement *-zid* ins Spiel kommt, wird es wirklich ernst, ja sogar tödlich. Denn *-zid* lässt sich über das französische *-cide* bis auf das lateinische Verb *caedere* zurückverfolgen, das in Zusammensetzungen als *-cidere*, zum Beispiel *accidere* (an-, abhauen), auftritt und zunächst „fällen, umhauen", dann aber auch „erschlagen, töten" bedeutet. So hat *-zid* die Bedeutung „abtötend" in Adjektiven bzw. „Abtöter" oder „Tötung, Mord" in Substantiven und wird mit etlichen Elementen meist lateinischen Ursprungs zusammengesetzt, etwa: in *fungizid/Fungizid* (pilzabtötend/Pilzabtöter) mit *fungus* (Erdschwamm, Pilz, Morchel), in *insektizid/Insektizid* mit dem Partizip Perfekt Passiv *insectum* (eingeschnitten, vgl. „Kerb"-Tier) von *insecare* (einschneiden), in *Pestizid* mit *pestis* (Seuche, Pest) oder in *Suizid* (Selbsttötung, Selbstmord) mit *sui* (seiner selbst). Bisweilen treten aber auch griechische Bestandteile auf wie in *bakterizid/Bakterizid* mit griechisch *bakterion, baktería* (Stäbchen, Stöckchen, nach dem stäbchenförmigen Aussehen) oder in *Genozid* (Völkermord), das über das englische *genocide* zum griechischen génos (Geschlecht, Gattung) führt, was wiederum zu gígnesthai (geboren werden, entstehen) gehört.

Ziegel

Technisch waren die Römer ja recht pfiffig. Das betraf vor allem auch das Bauen. Kein Wunder also, dass sich die Germanen da etliches abgekuckt und auch gleich die entsprechenden Wörter – in passende Form gebracht – übernommen haben. Beim Hausbau geht das vom → Keller bis zum *Dachziegel*. Der *Ziegel* (althochdeutsch *ziegal[a]*) wurde im 9. Jahrhundert aus lateinisch *tegula* (Dachziegel) entlehnt, das auf *tegere* (decken, bedecken) zu beziehen ist.

Zins

Wohl dem, der über Kapitalanlagen verfügt und mit seinem Finanzdienstleister auf gutem *Zinsfuß* steht. Auf dem Kriegsfuß steht ja so mancher Bürger mit den Steuerbehörden, wenn diese dem Gebeutelten mit einer kaum nachzuvollziehenden Vermögensschätzung kommt. „Vermögensschätzung, Vermögen, Steuerschätzung" ist auch die Bedeutung von lateinisch *census* – zu *censere* (einschätzen, der Meinung sein) –, aus dem bereits sehr früh unser *Zins* abgeleitet wurde. Damals hatte *Zins* allerdings noch die Bedeutung „Abgabe, Tribut, (Pacht-)Zins". Die Bedeutung „Betrag für die Überlassung von Kapital" taucht etwa ab dem 13. Jahrhundert auf. Besonders im Mittelalter war neben *Zins* auch noch der lateinnähere Begriff *Zensus* für „Vermögensschätzung, Vermögen, Steuerschätzung" gebräuchlich. Die Bedeutungen „Volkszählung" und „Verzeichnis aller bekannten Exemplare von Frühdrucken" sind dem Wort erst später zugewachsen.

Zensuren wurden ab dem 16. Jahrhundert verteilt. Denn da wurde aus *censere* auch noch das Verb *zensieren* entlehnt, dazu die Substantive *Zensur* und *Zensor*. Das ganze Elend der *Rezension* begann – zumindest, was das Wort selbst angeht – im 17. Jahrhundert, als man sich das Verb *rezensieren* aus lateinisch *recensere* (sorgfältig, wiederholt Stück für Stück auf Vollständigkeit und Beschaffenheit prüfen) ausgeliehen hatte, aus *re-* (zurück, wieder) und *censere*. Dazu gesellten sich die *Rezension* aus lateinisch *recensio* (die Musterung des Zensors) und ab dem 18. Jahrhundert auch noch der *Rezensent* aus dem Partizip Präsens Aktiv *recensens* (sorgfältig prüfend) von *recensere*.

Zirkus → circa

Zwiebel

„Wat man nich selber weiß, dat muss man sich erklären", wusste schon Jürgen von Manger alias Adolf Tegtmeier. Und genau so macht es die Volksetymologie: Sie deutet Unbekanntes nach bekanntem Muster (vgl. etwa →Armbrust). So wurde das Wort *Zwiebel* schon im Althochdeutschen *(z[w]ibollo)* als *zwie-bolle,* also als zweifache Bolle, als zweifache Knolle, verstanden. Damit hat die *Zwiebel* aber ursprünglich gar nichts zu tun, wurde sie doch im 11. Jahrhundert aus mittel- bzw. spätlateinisch *caepola, cipolla, cepulla* (Zwiebel) entlehnt, das wiederum auf lateinisch *cepula* beruht, einer Verkleinerungsform von *cepa* (Zwiebel).
Das Verb *zwiebeln* ist seit dem 16. Jahrhundert belegt und hieß zunächst nur „mit Zwiebeln zubereiten". Die übertragene Bedeutung „quälen" hat sich erst ab dem 17. Jahrhundert entwickelt.

Ein paar Tipps zum Mehr- und Weiterlesen

Lateinisches in deutschen Wörtern:

Kytzler, Bernhard / Redemund, Lutz (1997): *Unser tägliches Latein: Lexikon des lateinischen Spracherbes.* Mainz

Weeber, Karl-Wilhelm (2006): *Romdeutsch: Warum wir alle Lateinisch reden, ohne es zu wissen.* Frankfurt am Main

Lateinische Redensarten:

Bartels, Klaus (2010): *Veni, vidi, vici.* Mainz

Selner, Alfred (2009): *Latein im Alltag.* Wiesbaden

Latein und andere europäische Sprachen:

Vossen, Carl (1999): *Mutter Latein und ihre Töchter. Europas Sprachen und ihre Herkunft.* Düsseldorf

Geschichte der lateinischen Sprache:

Stroh, Wilfried (2008): *Latein ist tot, es lebe Latein. Kleine Geschichte einer großen Sprache.* Berlin

Fremdwörter und Internationalismen:

Eisenberg, Peter (2011): *Das Fremdwort im Deutschen.* Berlin, New York

Munske, Horst Haider / Kirkness, Alan (Hg.) (1996): *Eurolatein. Das griechische und lateinische Erbe in den europäischen Sprachen.* 5. Auflage. Tübingen

Bauchpinseln. Hokuspokus. Muffensausen. Zappenduster.

Was steckt da drin?

Im Deutschen gibt es Wörter, die jeder ganz selbstverständlich benutzt und über die man sich manchmal doch wundert. Sie sind geheimnisvoll, lustig und manchmal auch etwas kritisch zu betrachten. Was hat es mit diesen Merkwürdigkeiten auf sich? Dudenpreisträger Hans Jürgen Heringer bringt alles ans Licht – zum Genießen.

Hans Jürgen Heringer
Heringers Reizwörterbuch
Unwiderstehlicher deutscher Wortschatz
160 Seiten. Klappenbroschur
ISBN 978-3-411-71006-5

DUDEN Podium